HEYNE FILMBIBLIOTHEK

BOGART & BACALL

Eine Liebe in Hollywood

von CORNELIA ZUMKELLER

Originalausgabe

WILHELM HEYNE VERLAG
MÜNCHEN

HEYNE FILMBIBLIOTHEK
12/150

Herausgegeben von Bernhard Matt

Copyright © 1990 by Wilhelm Heyne Verlag GmbH & Co. KG, München
Umschlagfoto: Archiv Dr. Karkosch, Gilching
Rückseitenfoto: Bildarchiv Engelmeier, München
Innenfotos: Intertopics, Hamburg; Stiftung Deutsche Kinemathek, Berlin;
Archiv Dr. Karkosch, Gilching; Deutsches Institut für Filmkunde, Frankfurt;
Interfoto, München; Keystone Pressedienst, Hamburg; Ullstein Bilderdienst, Berlin;
Süddeutscher Verlag, Bilderdienst, München; action press, Hamburg;
Deutsche Presseagentur, München; Bildarchiv Engelmeier, München.
Umschlaggestaltung: Atelier Ingrid Schütz, München
Printed in Germany 1990
Satz: Fotosatz Völkl, Germering
Druck und Verarbeitung: Ebner Ulm

ISBN 3-453-04628-5

Inhalt

Einleitung

Obwohl Hollywood und seine Filmstudios gerade in den dreißiger und vierziger Jahren auf ein riesiges Aufgebot an Stars zurückgreifen konnten, ist die Zahl der Leinwandtraumpaare, die immer wieder gemeinsam vor der Kamera standen, gering. Fred Astaire und Ginger Rogers, Katharine Hepburn und Spencer Tracy, Alan Ladd und Veronika Lake, William Powell und Myrna Loy – die meisten von ihnen waren nur vor der Kamera ein Paar. Lediglich Katharine Hepburn und Spencer Tracy waren durch eine inoffizielle – Tracy ließ sich nie scheiden – Langzeitbeziehung auch privat miteinander verbunden. Alan Ladd und Veronika Lake, im *Film noir* quasi die Vorfahren Bogarts und Bacalls, konnten sich privat kaum ertragen.

Deshalb hatten Humphrey Bogart und Lauren – ihre Freunde nannten sie Betty – Bacall einen absoluten Ausnahmestatus in Hollywood: Die Chemie zwischen ihnen stimmte auf der Leinwand, und sie stimmte auch im richtigen Leben. Romantische Liebe zwischen zwei scheinbar unterkühlten Menschen, so sah es für die Öffentlichkeit aus, die natürlich in der Zeit des amerikanischen New Deal und der tristen Nachkriegsgeschichte genau für diese Konstellation sehr empfänglich war.

Humphrey Bogart war nach Filmen wie *Casablanca* und *The Maltese Falcon* (Die Spur des Falken) bereits einer der größten Stars in Hollywood, als er seinen ersten Film mit Fräulein Niemand Betty Jean Perske machte, die daraufhin selbst wie ein Komet zum weiblichen Star aufstieg.

Als die beiden dann auch noch heirateten, hatte das wirkliche Leben eine neue Version des Aschenputtel-Märchens geschrieben. Amerika lebte mit: bei den Geburten der beiden Kinder, den öffentlichen Auftritten des schillernden Paares, dem qualvollen Tod Bogarts, dem Nachleben Lauren Bacalls, die nach dem Verlust ihres Mannes nie wieder richtig an ihre glücklichen Tage anknüpfen konnte.

Noch heute geht von diesem Paar eine große Faszination aus, die in erster Linie mit dem Kultstatus Bogarts zusammenhängt, aber auch mit der ungetrübten Liebe der beiden, die bestand, bis der Tod sie schied. Auch dieses Pathos ist Teil des Bogart-Kults. Dieses Buch aber wird nicht Bogart in den Mittelpunkt stellen, sondern die Geschichte einer Liebe in Hollywood, wie es sie dort, wo das Wort »Liebe« wohl am häufigsten auf der Welt gebraucht wurde und wird – und zwar nicht nur auf der Leinwand –, sicherlich nur sehr selten gab.

Humphrey Bogart – langes Vorleben

Manch einer mag es für übertrieben halten, die sechsundvierzig Lebensjahre, die Humphrey Bogart bis zu seiner Heirat mit Lauren Bacall hinter sich bringen mußte, als Vorleben zu bezeichnen, um so mehr, als das Nachleben, das hier im Mittelpunkt stehen soll, nur noch elf Jahre dauerte. Doch gerade, weil es hier im wesentlichen um das legendäre Gespann Bogart/Bacall gehen soll, kann das, was sich in beider Leben vor dem Zusammentreffen miteinander ereignet hat, nur am Rande, als die Genese einer prägenden Beziehung, beleuchtet werden.

Geht man chronologisch vor, dann hat hier der Herr, nicht die Dame den Vortritt, denn Humphrey DeForest Bogart erblickte bereits am 24. Dezember 1899 in New York das Licht der Welt und hatte damit seiner vierten und letzten Ehefrau beinahe ein Vierteljahrhundert voraus.

Humphrey war das erste Kind von Maude Humphrey und Belmont DeForest Bogart. Der Vater war Arzt und die Mutter eine gesuchte Zeitschriftenillustratorin. Von seinem Vater hatte Humphrey die intensiven Augen, die hohe Stirn und die Gesichtsform geerbt, nicht aber dessen Größe; in diesem Punkt geriet er wohl nach seiner Mutter, die nur etwa einen Meter fünfzig groß war, sein Vater dagegen um die einsachtzig.

Die Bogarts waren zwar nicht reich, aber sie konnten sich in der Nähe des Riverside Drive – um die Jahrhundertwende eine der vornehmsten Adressen in New York – einen großen Haushalt mit mehreren Dienstboten leisten. Außerdem bewegte sich die Familie in den feineren Kreisen der Gesellschaft. Klein-Humphrey wuchs mit aller Selbstverständlichkeit in großem Wohlstand auf. Zumindest in materieller Hinsicht hatte er nur wenig Grund, seine Kindheit nicht schön zu finden.

Der Vater hatte von Anfang an nichts anderes im Sinn, als auch seinen Sohn zum Chirurgen zu machen. Dieser steckte noch in den Windeln, da erkundigte sich Dr. Bogart bereits bei seinen Kollegen im Presbyterian Hospital, ob er seinen Sohn besser auf die Columbia Universität oder nach Yale schicken solle. Er einigte sich mit seiner nicht minder ehrgeizigen Frau bald auf das renommierte Yale.

Obwohl von außen betrachtet die Voraussetzungen für ein intak-

Humphrey Bogart im Jahr 1900

tes Familienleben ideal gewesen zu sein schienen, hat wohl im
Hause Bogart ständig gereizte Stimmung oder gar offener Krach
geherrscht. Die Mutter, eine spitzzüngige, wenig liebevolle Frau,
hatte häufig Migräne und war dann nicht ansprechbar. Der Vater

litt unter den starken Schmerzen einer angeborenen Arthritis, die er mit Morphium linderte. Er wurde süchtig, zumindest ist das zu vermuten, doch mußte er seine Sucht sowohl vor den Patienten als auch vor seiner Familie verbergen.

Humphrey kam schon als Säugling zu großem Ruhm. Eines Tages zeichnete seine Mutter ein Bild von ihm, während er im Central Park in seinem Kinderwagen selbstvergessen spielte. Sie schickte das fertige Blatt an eine Werbeagentur, die es an Mellins vermittelte, eine Firma, die Babynahrung herstellte. Mellins prägte Humphreys Gesicht auf ihre Etiketten und Anzeigen, und er wurde als »Das Original-Maude-Humphrey-Baby« das amerikanische Paradebaby.

Humphrey war zwei Jahre alt, da brachte seine Mutter seine Schwester Francis zur Welt, die von allen Pat genannt wurde und für die Humphrey später, als er bereits Bogie war, eine Menge tat.

Ein Jahr darauf bekam Humphrey noch eine zweite Schwester, die auf den Namen Catherine Elizabeth getauft wurde; von da an war es mit Mrs. Bogarts Gebärfreudigkeit vorbei. Damit blieb Humphrey der einzige männliche Hoffnungsträger in der Familie, und das sollte für ihn, gerade in seiner Jugend, eine schwere Bürde werden.

Seine Mutter hatte nach einer Lungenentzündung ständig Angst um die Gesundheit ihres Sohnes. Sie schaute immer darauf, daß er warm genug gekleidet war und genügend aß, aber diese wenigen Aufmerksamkeiten schienen sie bereits an den Rand ihrer emotionalen Kapazitäten gebracht zu haben.

Joe Hyams, einer von Bogarts engsten Vertrauten in späteren Jahren, überliefert in seinem Buch über Bogart und Bacall ein paar Sätze, mit denen Humphrey Bogart einmal die Atmosphäre in seinem Elternhaus beschrieben hat: »Ich wuchs ohne Sentimentalität und ohne verwöhnt zu werden auf. Ein Kuß war in unserer Familie ein Ereignis. Meine Mutter und mein Vater machten nicht viel Aufhebens um meine zwei Schwestern und mich. Sie waren zu sehr mit anderen Dingen beschäftigt, und wir ebenfalls. Hauptsächlich kümmerten sich die Dienstboten um uns.

Ich kann nicht behaupten, daß ich meine Mutter liebte, aber ich achtete sie. Bei uns gab es nicht diese überschäumende Zuneigung, die so niedlich anzusehen ist. Hätte ich mir später, als ich erwachsen war, einfallen lassen, meiner Mutter ein Muttertagstelegramm oder Blumen zu schicken, hätte sie mir diese Aufmerksamkeit auf meine Kosten zurückgeschickt.«

Zu seinem Vater scheint Humphrey ein wesentlich besseres Verhältnis gehabt zu haben. Zwar war auch Dr. Bogart kein Emotionsbündel, doch akzeptierte Humphrey ihn als Vorbild. In ihm hatte er jemanden, an dem er sich orientieren konnte.

Dr. Bogart scheute keine Mühe, seinem Sohn das klassische Männerethos zu vermitteln: hart sein, etwas wagen, mitnehmen, was das Leben zu bieten hat. Er nahm ihn immer wieder mit auf die Jagd oder zum Segeln, und mit acht Jahren soll Humphrey schon ein versierter Segler gewesen sein. Hier hatte ihm sein Vater die Liebe zu einem Sport vermittelt, die ihm bis an sein Lebensende erhalten bleiben sollte.

Zwischen seinen Eltern kam es immer häufiger zu bösen Auseinandersetzungen, nicht zuletzt deswegen, weil die beiden Eheleute völlig entgegengesetzte Interessen hatten. Dr. Bogart hielt sich gerne unter Menschen auf, seine Frau ganz und gar nicht. Seine vielfältigen Hobbys, wie eben das Angeln und die Jagd, waren nicht nur sehr kostenintensiv, sie hielten ihn auch von der Arbeit ab, so daß seine Frau auch finanziell eine große Verantwortung für die Familie übernehmen mußte. Was immer die jeweiligen Anlässe gewesen sein mögen, es muß in einer Tour Krach gegeben haben. Humphrey Bogart hat sich auch dazu einmal geäußert: »Wir Kinder zogen uns die Kissen über die Ohren, um die Streitereien nicht mitanhören zu müssen, unsere Familie wurde der Kinder wegen zusammengehalten und um das Gesicht zu wahren.«

Seine Schwester Pat (Francis) erzählte über das Verhältnis, das Humphrey zu seiner Mutter hatte: »Bogie haßte unsere Mutter, obwohl sie ihm gegenüber sehr nachgiebig war. Er bewunderte unseren Vater als einen richtigen Mann. Unsere Eltern konnten sich nie über unsere Erziehung einigen. Mutter wollte das Sagen haben, aber Vater ließ es nicht zu.«

An sich war es die Mutter, die ihren Kindern auch mal Prügel gab, doch die denkwürdigste Tracht bekam Humphrey mit etwa zehn Jahren von seinem Vater, als der wegen irgend etwas so außer sich geriet – weswegen, das läßt sich heute nicht mehr sagen –, daß er seinem Sohn durch einen Schlag auf die Oberlippe den dort sitzenden Nerv verletzte. Von diesem Schlag hat Humphrey eine Narbe zurückbehalten, durch die er zeit seines Lebens leicht lispelte. So hat Humphreys Schwester Pat den Vorfall später geschildert, während ihr Bruder immer behauptet hatte, die Narbe sei eine Kriegsverletzung.

Humphreys engster Jugendfreund war William Brady jr., der Sohn von William Brady, der Humphrey Bogart in einer entscheidenden Phase beruflich enorme Hilfestellung geben sollte. Brady sr. war im New Yorker Theaterleben eine Institution. Ihm gehörte auch das Playhouse-Theater in New York. Durch seinen Sohn Bill fand Humphrey Zugang zu dieser Welt. Die beiden Jungen besuchten zusammen Theatermatineen und Broadway-Shows. In diesen Jahren erfuhr der junge Humphrey seine entscheidende Prägung.

Doch träumte er keineswegs vom Schauspielerberuf. Noch hatte er kaum Zweifel daran, daß er den Erwartungen seiner Eltern entsprechen würde. Er besuchte die Delancy School, eine Privatschule, die er erst nach dem fünften Schuljahr verließ. Als er knapp vierzehn war, schickten seine Eltern ihn auf die vornehme Trinity School. Das war im September 1913.

Die Schulleitung erwartete von den Zöglingen guten Willen, Gehorsam und natürlich gute Leistungen, aber bei Humphrey muß es an irgendeinem dieser Kriterien gehapert haben, denn er wurde ständig zum Direktor zitiert. Die Lehrer beschwerten sich über seine Aufsässigkeit, darüber, daß er meistens schlecht vorbereitet in den Unterricht käme, ja, daß er sich in einigen Fächern schlicht verweigere. Ein paar Jahre konnte er sich am Rande des Sitzenbleibens durchmogeln, doch in der elften Klasse, in der er vieles wegen einer langen Krankheit versäumt hatte, erwischte es ihn – er mußte das Schuljahr wiederholen. Im September 1917 ging er mit einem miserablen Notendurchschnitt von dieser Schule ab.

Dr. Bogart, noch immer fest entschlossen, aus seinem Sohn einen Chirurgen zu machen, schickte diesen nun auf die gleiche Preparatory School, die er selbst einst besucht hatte. Humphrey fühlte sich auf der Philips Academy in Andover allerdings von der ersten Minute an unwohl. Entsprechend schlecht waren auch seine Leistungen, und es dauerte kein halbes Jahr, da drohte das Direktorium den Eltern Bogarts die Entlassung ihres Sohnes an. Die Eltern übten daraufhin enormen Druck auf Humphrey aus, doch wußte er sich dem zu entziehen. Prompt wurde den Eltern im Mai 1918 mitgeteilt, daß Humphrey die Schule zu verlassen habe, weil sämtliche Lehrer der Ansicht seien, daß in seinem Fall noch mehr Geduld überhaupt nichts an der Lage ändern würde.

Damit war klar, daß Humphrey nie die Nachfolge seines Vaters würde antreten können, und Dr. Bogart ließ seinen Sohn spüren, wie enttäuscht er war. Die Mutter erklärte ihm in ihrer kalten Art ohne Umschweife, daß er von ihnen nun nichts mehr zu erwarten habe und sich von jetzt an alleine durchs Leben kämpfen müsse.

Nach einigen Wochen der Ratlosigkeit meldete sich Humphrey freiwillig bei der amerikanischen Marine, schließlich standen im Ersten Weltkrieg die alles entscheidenden letzten Monate bevor. Er wurde einem amerikanischen Truppentransporter zugeteilt, auf dem er bis zum Waffenstillstand seinen Dienst leistete. Er verließ die Marine jedoch nicht gleich mit Kriegsende, sondern blieb dort insgesamt zwei Jahre. Das, was er sich von seinem Kriegsdienst allerdings erhofft hatte, war nicht eingetreten: Er wußte nun sowenig wie zuvor, was er mit seinem Leben anfangen sollte.

Er bezog wieder sein altes Zimmer im Haus seiner Eltern und durfte sich dafür die ewigen Nörgeleien seiner chronisch unzufriedenen Mutter anhören.

Während seiner Abwesenheit hatte sich New York gewaltig verändert. Eine neue, bis dahin nicht gekannte Vergnügungssucht hatte die Stadt ergriffen. Im Herzen Manhattans gab es eine Flüsterkneipe an der anderen, Orgien wurden gefeiert, aus allen Türen und Fenstern dröhnten Radios und Grammophone. Die Mädchen boten sich bereitwilliger an als früher und trugen viel zu dem bunten Treiben in New York bei. Was für ein Unterschied zu seinem freudlosen Zuhause!

Jetzt, wo die drei Kinder beinahe erwachsen waren, ließ sich auch Dr. Bogart kaum noch zu Hause blicken. Er nutzte jede Möglichkeit, dem dauernden Unfrieden zu entweichen, und wohl aus diesem Grund hatte er eine Beschäftigung als Schiffsarzt angenommen. Für Humphrey gab es damit keinen ausgleichenden Faktor mehr zu Hause. Er bekam statt dessen von seiner Mutter auch noch das ab, was eigentlich für seinen Vater bestimmt war.

Humphrey wollte und mußte Geld verdienen und versuchte es erst einmal mit einem Job als Bote bei einer Investmentgesellschaft. Er war hochgradig unzufrieden mit seiner Arbeit, vor allem deswegen, weil sie nicht seiner honorigen Auffassung vom Mann als Ernährer entsprechen konnte.

Da gab ihm William Brady die Chance, ins Filmgeschäft einzusteigen. Brady gehörte mittlerweile die »World Films«, die gerade den Film *Life,* mit Arlene Pretty in der Hauptrolle, drehte. Kurz vor Ende der Dreharbeiten feuerte Brady den Regisseur und ersetzte ihn durch Bogart – in den Kinderjahren des Filmgeschäfts scheint so etwas gar nichts Besonderes gewesen zu sein. Natürlich hat Bogart versagt, doch hat er Brady damit nicht in den Ruin getrieben, denn Filme waren damals in der Herstellung noch relativ billig, außerdem hat Brady höchstpersönlich den Film zu Ende gebracht.

Humphrey Bogart versuchte sich dann im Drehbuchschreiben. Das einzige, das er je fertiggestellt hat, fand er selbst grauenhaft schlecht. Es wurde auch nie verfilmt.

Doch Brady versorgte ihn weiterhin mit Arbeit. Er bot ihm einen Job als Inspizient, für den er fünfzig Dollar die Woche bekommen sollte. Als nächstes engagierte ihn Bradys Frau Grace George für eines ihrer neuen Broadway-Stücke – es war *The Ruined Lady* – bei gleicher Bezahlung wieder als Inspizient, so daß er immer weiter in die Theaterarbeit hineinrutschte, ohne daß das je sein Wunsch gewesen wäre.

Seinen ersten Auftritt in einer Sprechrolle hatte der mittlerweile dreiundzwanzigjährige Humphrey in dem Stück *Drifting,* das am Playhouse in Brooklyn inszeniert wurde. Bogart über seinen eigenen Auftritt: »Ich war schrecklich. Ich weiß nicht mehr, was ich zu sagen hatte, ich weiß nur noch, daß es wenige Worte waren. Aber in meiner Aufregung konnte ich nur murmeln. Glücklicherweise spielte ich einen Japaner, und deshalb erwartete niemand, mich zu verstehen.«

Brady drückte auch in diesem Fall ein Auge zu und übertrug Humphrey gleich für die nächste Inszenierung eine wesentlich umfangreichere Rolle. Er brachte seinem Schützling, in den er instinktiv großes Vertrauen setzte und von dem er überzeugt war, daß er sich durchsetzen würde, das schauspielerische Rüstzeug bei.

Humphrey Bogart bekam für *Swifty* niederschmetternd schlechte Kritiken, die ihm seine Mutter genüßlich vorlas. Da es inzwischen aber beinahe selbstverständlich war, daß der junge Bogart immer wieder auf die Füße fiel, bekam er gleich nach *Swifty,* das nur ganz kurz lief, in *Meet the Wife* die Rolle eines Journalisten angeboten. Für diese Rolle sollte er pro Woche hundertfünfzig Dollar bekommen. Dieses Stück war ein ansehnlicher Erfolg, und Bogart war auf dem Weg nach oben, ohne sich dafür abgestrampelt zu haben. Wie viele darbende Schauspieler, die sich Tag um Tag die Hacken nach einem Engagement abliefen, müssen darin einen Hohn gesehen haben!

In einem seiner nächsten Stücke, in *What Price Glory,* erhielt er dann sein erstes Kritikerlob.

Zusammen mit Brady ging er mit dem Stück *Drifting* auf Tournee, und während dieser Tournee lernte er Helen Menken kennen, die für die plötzlich indisponierte Hauptdarstellerin kurzfristig einspringen mußte. Helen Menken war drei Jahre älter als er und hatte schon einige schöne Erfolge gehabt. Die beiden verliebten sich ineinander und bestellten sehr bald das Aufgebot, doch mit dem Heiraten warteten sie noch. Vorerst lebten sie nur zusammen. 1925 hatte Bogart mit dem Stück *Cradle Snatchers* einen Riesenerfolg, und die Kritiker konnten gar nicht genug Worte des Lobes finden. Helen Menken zu heiraten war ihm immer noch ein eher furchteinflößender Gedanke, denn sie war ein Star, viel erfolgreicher als er und verdiente wesentlich mehr. Bogart sah das als sehr schlechte Ausgangssituation für eine Ehe. Aber gerade weil Helen Menken ein Star war, blieb ihm nichts anderes übrig, als sie zu heiraten, denn sie war auch ein Liebling der Kritiker, und die hätten ganz schnell dafür gesorgt, daß er keinen Fuß mehr auf eine Bühne bekäme, wenn er sie sitzenließ. Am 20. Mai 1926 zog er die Konsequenzen aus dieser Erkenntnis und heiratete Helen Menken.

Schon die Hochzeitszeremonie endete mit einem gehörigen Krach, den man rückblickend ohne weiteres als Omen bezeichnen kann. Bogart über seine erste Ehe: »Wir stritten uns wegen der lächerlichsten Dinge, etwa ob es richtig sei, dem Hund Kaviar zu geben, während andere Menschen hungerten. Ich sagte, der Hund könne ruhig Hamburger fressen. Sie bestand auf Kaviar. Was zunächst eine kleine Meinungsverschiedenheit zu sein schien, wurde plötzlich zum erbitterten Kampf und endete damit, daß einer von uns wütend die Wohnung verließ.« Lange dauerte der Kampf nicht.

Nach *Cradle Snatchers* übernahm Bogart eine Rolle in *Baby Mine,* das sich allerdings nur wenige Wochen auf dem Spielplan halten konnte. Gleich im Anschluß daran sprang er in *Saturday's Children* für den Hauptdarsteller ein. Bogart mußte für dieses Stück nach Chicago, und er verlangte von Helen, daß sie mit ihm komme. Doch sie wollte lieber in New York bleiben. Damit war die Scheidung quasi vorweggenommen, auch wenn die beiden noch ein paar Versuche unternahmen, ihre Ehe zu retten. Anfang 1928 wurden sie geschieden.

In dieser Zeit hatte sich Humphrey Bogart schon längst zum handfesten Trinker entwickelt, daran konnte die Prohibition, in der Alkoholgenuß strengstens reglementiert war, auch nichts ändern. Auch sonst war er kein Kind von Traurigkeit. Mit Frauen war er immer bestens versorgt.

Im Mai 1928 wurde die Schauspielerin Mary Philips Mrs. Bogart Nummer zwei. Die beiden lebten relativ sorglos vor sich hin, da setzten von außen Krisensymptome ein. Es kam zu einer Wirtschaftsrezession, die an sich nicht besonders besorgniserregend gewesen wäre, wäre es im Oktober 1929 nicht zu dem berüchtigten Schwarzen Freitag gekommen, durch den das bestehende Wirtschaftsgefüge völlig zusammenkrachte. Plötzlich hatten Leute, die jahrelang Wohlstand als Selbstverständlichkeit genossen hatten, enorme Geldsorgen. Und wo spart man in solchen Fällen als allererstes: bei den Vergnügungen. Die Theater und Kinos waren kaum noch zu füllen, und für Schauspieler brachen schwere Zeiten an. Für Humphrey nicht, wenigstens zunächst nicht. Stuart Rose, der bei Fox als Lektor arbeitete und mit Pat Bogart verheiratet war, lud ihn nach Hollywood zu Probeaufnahmen ein, denn dort hatte man nach der umwälzenden Erfindung des Tonfilms dringenden Bedarf an Schauspielern, die anständige Stimmen hatten, was bei allzu vielen Stummfilmstars nicht der Fall war.

Die Probeaufnahmen waren nicht schlecht, also bekam er einen

Mit Bette Davin in ›Dark Victory‹ (Opfer einer großen Liebe)

Vertrag, der ihm pro Woche siebenhundertfünfzig Dollar bringen sollte. Für Humphrey eine riesige Summe, und das, obwohl seine Theatergagen in den vergangenen Jahren stetig gestiegen waren. Er wollte, daß Mary mit ihm käme, doch erklärte sie ihm, daß sie nicht bereit sei, für ihn ihre Karriere aufzugeben. Also ging er allein nach Hollywood.

Seinen allerersten Leinwandauftritt hatte er an der Seite Victor McLaglens unter der Regie von Irving Cummings. Noch im gleichen Jahr, 1930, brachte ihn *Up the River* mit zwei Männern zusammen, die später zu den ganz Großen Hollywoods gehören sollten: mit John Ford, für den *Up the River* der fünfte Tonfilm war, in dem er Regie führte, und mit Spencer Tracy, für den dieser Film das Hollywood-Debüt bedeutete.

Über Humphrey Bogarts dritten Film, *Body and Soul,* gibt es nichts Besonderes zu vermerken. Interessanter ist da schon sein vierter, *Bad Sister.* In diesem Film war Bette Davis erstmalig auf der Leinwand zu sehen, außerdem hatte Bogart zum erstenmal eine größere Rolle. Doch blieb das vorerst die Ausnahme. In seinen nächsten Filmen erhielt er immer nur ziemlich kleine Rollen, bis schließlich 1932 irgendein Filmproduzent der Ansicht war, daß Bogart unter anderem wegen seiner Oberlippe und seiner mangelnden Wirkung auf Frauen beim Film keine Zukunft habe. Der Vertrag wurde nicht erneuert.

Humphrey Bogart kehrte ernüchtert nach New York zurück, wo er – für ihn völlig neu – ein Engagement nun nicht mehr auf dem Silbertablett serviert bekam, sondern für eine Rolle lange, lange Klinken putzen mußte.

Da auch Mary zu dieser Zeit kein Engagement hatte, verdiente sich Humphrey Bogart das Nötigste als professioneller Schachspieler. Zum erstenmal war er wirklich arm, und da auch sein Vater sein gesamtes Vermögen verloren hatte, konnte er nicht einmal von dieser Seite auf Unterstützung hoffen. Zu all dem kam auch noch, daß Dr. Bogart, an dem Humphrey so hing, Ende September 1934 starb. Es waren wirklich traurige Zeiten.

Bogart hatte sich weiterhin energisch um Engagements bemüht, so lange, bis er schließlich Glück hatte. In *Invitation to a Murder* durfte er am Broadway einen Schurken spielen. Doch seine psychische Verfassung blieb besorgniserregend. Plötzlich plagte ihn das, was er bis dahin an sich nicht gekannt hatte: Er hatte Angst vor der Zukunft, und das vor allem deshalb, weil er plötzlich an seinen schauspielerischen Fähigkeiten zweifelte. Das machen viele durch, die unvermittelt feststellen, daß etwas, was sie nie für einen so wichtigen Bestandteil ihres Lebens gehalten haben, doch eine immense, vielleicht sogar alles überragende Bedeutung für sie hat. Und solche Feststellungen drängen sich häufig gerade dann auf, wenn man das lang Unterschätzte zu verlieren droht. Wie auch immer. Seine Freunde erkannten zu seinem Glück, daß er in einer schweren Krise steckte, aus der man ihm heraushelfen müsse. Nicht zuletzt aus diesem Grund erweiterte der Dramatiker Robert E. Sherwood sein Stück *The Petrified Forest* (Der versteinerte Wald) für Bogart um eine Figur. Der Produzent des Stücks, Arthur Hopkins, gab Bogart dann allerdings eine Rolle, der er seiner Ansicht nach besser entsprechen konnte, doch hätte Sherwood sein Stück nicht eigens für Bogart ausgebaut, dann hätte auch diese Umbesetzung nicht stattfinden können. Nach Sherwoods Wunsch hätte Bogart die Rolle eines Fußballspielers übernehmen sollen, nun spielte er den Revolverhelden Duke Mantee. Und genau diese Rolle sollte sein Leben völlig verändern.

Die Hauptrolle in *The Petrified Forest* spielte Leslie Howard, der damals schon ein großer Star war, einer, der Bedingungen stellen konnte. Auch das war für Bogart ein glücklicher Umstand.

Das Stück wurde umjubelt, Leslie Howard gefeiert, und auch Humphrey Bogart kam bei den Kritikern ausgesprochen gut weg. Warner Brothers erwarb die Rechte für die Verfilmung von *The Petrified Forest*. Mit Leslie Howard wurde auch sofort ein fester Vertrag geschlossen. Warner wollte unbedingt, daß er auch in der Leinwandversion die Hauptrolle spiele. Bei Bogart war man weniger entschlossen. Mit ihm schloß Warner vorerst nur einen Optionsvertrag ab. Das hieß im Klartext, daß man ihn sich nur für den Fall warmhalten wollte, daß Edward G. Robinson, der für die Besetzung des Duke Mantee erste Wahl war, diese Rolle nicht übernehmen würde. Doch hatten sie nicht mit Leslie Howards Einspruch gerechnet. Howard hatte nämlich Bogart versprochen, daß er bei der Verfilmung dieses Stücks nur dann mitmachen würde, wenn auch Bogart seine Bühnenrolle auf die Leinwand übertragen dürfe.

Als Bogart erfuhr, daß man bei Warner gar nicht daran dachte, sich an diese Vereinbarung zu halten, setzte er sich mit Leslie Howard in Verbindung, der gerade Urlaub machte. Howard hielt sein Wort und machte Warner ultimativ klar, daß es ohne Bogart in *The Petrified Forest* auch keinen Howard geben würde. Da ging Warner in die Knie und gab Humphrey Bogart einen Vertrag.

Bogart reagierte absolut nicht euphorisch auf diesen Vertrag, schließlich war sein erster Anlauf, in Hollywood Fuß zu fassen, sehr ruhmlos zu Ende gegangen, und er wollte sich auf keinen Fall zu früh den ortsüblichen Gepflogenheiten anpassen. Er verzichtete erst mal völlig auf den Erwerb von Statussymbolen und wartete einfach die Entwicklung ab.

Er schuf sich in dieser Phase allerdings durch seine Lockerheit und seinen offenen Ton Freunde, die ihm allzeit gute Dienste leisten konnten und ihm tatsächlich nur ganz selten Übles antaten: die Leute von der Presse. Das war ein Startkapital, das man gar nicht hoch genug veranschlagen kann.

Humphrey Bogart arbeitete konzentriert an seiner Rolle, und das Ergebnis bestätigte ihn dieses Mal endlich als wirklich guten Schauspieler. Die Kritiker besprachen seine Leistung überaus wohlmeinend und führten einen Spitznamen für ihn ein, der sich nach und nach in der ganzen Welt durchsetzte: Bogie. Und wer einen Spitznamen hat, der von der Presse weitergetragen wird, der braucht sich um seine Medienpräsenz nur noch halb so viele Gedanken zu machen.

Seine neue Popularität drückte sich sofort in Zahlen aus. Er bekam nach *The Petrified Forest* wöchentlich sechshundertfünfzig Dollar Gage. Und dabei blieb es nicht.

Bogie hätte nun zufrieden sein können, schließlich war auch Mary mit ihm nach Hollywood gekommen. Doch das Glück war nicht von langer Dauer, denn sie erhielt aus New York eine Rolle in *The Postman Always Rings Twice* angeboten, die sie um jeden Preis annehmen wollte. Alles Reden half nichts, Mary ging zurück nach New York, und Bogie blieb, außer sich vor Wut und Enttäuschung, zurück. Sie kam auch nicht zurück, als das Stück sehr schnell wieder abgesetzt wurde. Lieber suchte sie sich in New York etwas Neues.

Es kam, was kommen mußte. Bogart traf bei einem Festessen noch einmal auf Mayo Method, die mit ihm bereits in *Marked Woman* zusammen vor der Kamera gestanden hatte, ohne dabei allerdings großen Eindruck auf ihn gemacht zu haben. Bei diesem Dinner aber machte sie nun einen starken Eindruck auf ihn. Und von diesem Abend an sahen sie sich regelmäßig. Es dauerte nicht lange, bis die beiden im Garden of Allah, einer kleinen Bungalowgruppe, die einen Swimmingpool umsäumte, zusammenzogen. Da kam plötzlich Mary nach Hollywood, um sich mit ihrem Mann zu versöhnen. Die einzige Bedingung, die sie für eine Versöhnung

›The Roaring Twenties‹ (Die goldenen Zwanziger)

stellte, konnte und wollte Bogart ihr nicht erfüllen: den Kontakt mit Mayo völlig abzubrechen.

Daraufhin ging Mary nach New York zurück und reichte die Scheidung ein.

Mit der Entscheidung für Mayo und gegen Mary hatte Bogart, ohne sich so recht darüber im klaren zu sein, sein Leben für die nächsten siebeneinhalb Jahre auf Kampf programmiert, und als er in einem Interview gelassen die folgenden Sätze sagte, wußte er noch nicht, wie diese Ehehölle ihn angreifen würde:

»Für einen ordentlichen Kampf habe ich was übrig ... Mayo ebenfalls. Wir liefern uns erstklassige Schlachten. Wir sind beide Schauspieler, und es fällt uns nicht schwer, Gründe für einen Streit zu finden. Schauspieler sehen das Dramatische an einer Situation immer leichter als andere Menschen. Und sie können der Versuchung nicht widerstehen, sie noch mehr zu dramatisieren.«

Die beiden, die von nun an als die »Battling Bogarts« in Hollywood und den gesamten Vereinigten Staaten reichlich für Schlagzeilen sorgen sollten, heirateten am 20. August 1938.

Mayo Method war nicht nur einfach eine hysterische, geltungssüchtige Schauspielerin, sie war sehr krank. Und zu dem Zeitpunkt, als sie Bogart kennenlernte, hatte sie den Höhepunkt ihrer schauspielerischen Laufbahn bereits hinter sich. Das wußte sie sehr genau, nur konnte sie damit nicht fertig werden. Sie begann zu trinken, und sie vertrug schon einiges, als sie Bogart kennenlernte, der auch ein ordentliches Fassungsvermögen hatte. Bogart hat offensichtlich nicht erkannt, in welchen Problemen seine dritte Frau steckte, so daß sie damit auch in ihrer neuen Ehe – auch für sie war es die dritte – allein blieb. Sie war von Anfang an krankhaft eifersüchtig gewesen, eifersüchtig auf Bogies Karriere, mit der es eindeutig nach oben ging, eifersüchtig aber auch auf jede einzelne seiner Hauptdarstellerinnen, für die es unter Umständen gefährlich werden konnte, wenn sie einen ihrer wahnhaften Eifersuchtsanfälle in stark alkoholisiertem Zustand hatte. Auch Bogart konnte sich oft seines Lebens nicht mehr sicher sein, immerhin hat sie ihn mindestens einmal mit einem Messer niedergestochen. Sie wußte oft gar nicht, was sie tat. Nun Bogart allerdings als den wehrlos Leidenden hinzustellen, entspräche der Wahrheit nicht. Auch er hat kräftig hingelangt, und daß er keine allzu große Scheu hatte, Frauen zu schlagen, das war bekannt. Dazu kam, daß ihn immer wieder sein Jähzorn übermannte, dem er völlig ausgeliefert war. Und Mayo Method reizte ihn oft bis zur Weißglut.

Während sein Privatleben zwar aufregend, aber auch wenig beglückend war, steuerte Bogart beruflich auf den Höhepunkt zu. Warner plante die Verfilmung des Romans *High Sierra* von W. R. Burnett. Und da die Hauptfigur ein entflohener Sträfling war, kamen damals nicht allzu viele Darsteller in Frage. Als erstem machte man George Raft das Angebot, den Roy Earle zu spielen, der lehnte aber ab, weil er keine Lust hatte, am Ende des Films sterben zu müssen. Paul Muni war beleidigt, weil man ihm erst als zweitem die Rolle angeboten hatte, und James Cagney und Edward G. Robinson lehnten aus anderen Gründen ab. Damit war die erste Garde der etatmäßigen Ganovendarsteller komplett ausgefallen, blieb nur noch die zweite. Und die führte zu diesem Zeitpunkt Humphrey Bogart an, dem man nun diese Rolle anbot, die ihm zum Sprung in die erste Garde verhelfen sollte. Jack Warner tat es nur sehr widerwillig.

High Sierra wurde ein großer Erfolg, und Kennern wie Fans gilt er heute als einer der herausragenden Bogart-Filme, denn bei diesem Film stimmte nahezu alles. Mit Ida Lupino war die weibliche Hauptrolle ideal besetzt, das Drehbuch, an dem auch John Huston mitgearbeitet hatte, war ohne Schwächen, und Raoul Walsh führte feinfühlig Regie.

In der Rolle des Earle weitete Bogart seine Darstellung eines Verbrechers um eine entscheidende Facette aus: Anders als in all seinen früheren Verbrecherrollen ist er nicht einfach eiskalt, vielmehr läßt er an einigen Stellen immer wieder ansatzweise eine gewisse Weichheit durchschimmern, sei es Mitleid, Rührung oder gar Zärtlichkeit. Der Mann, der aus Überzeugung einem Ehrenkodex folgt, der nicht gesellschaftskonform ist, ist nicht zwangsläu-

›*The Maltese Falcon*‹ (*Die Spur des Falken*): *einer der Meilensteine in Bogarts Karriere*

fig ein Mensch aus Stahl und ohne Gefühle. Bogart wurde durch diese differenziertere Darstellung des Ganoven bzw. Außenseiters zum Inbegriff des kompromißlosen Individualisten. Er verkörperte mit diesem Rollentypus, der ihm von nun an fast nur noch auf den Leib geschrieben wurde, eine Souveränität, die von jeder materiellen Grundlage oder anderen Machtbasis unabhängig war. Wäre Robert Mitchum nicht gewesen, der diese Qualität auch noch physisch unterstreichen konnte, Bogart hätte hier eine unangefochtene Monopolstellung innegehabt.

Nach *High Sierra* machte Bogart *The Wagons Roll at Night* (Von Stadt zu Stadt), einen Film, der kaum der Rede wert ist, den Bogie im nachhinein auch nur als unnötige Zwischenstation auf dem Weg zum ganz großen Ruhm sah.

Nach *The Wagons Roll at Night* drehte er nämlich *The Maltese Falcon* (Die Spur des Falken/Der Malteserfalke) – und plötzlich war sein Status in Hollywood kaum noch zu erschüttern.

The Maltese Falcon ist heute nicht weniger legendär als sein Hauptdarsteller und trug ganz wesentlich zum Ruhm der *Serie noire* bei.

Regie bei diesem Streifen führte der Regie-Neuling John Huston, der auch nach Dashiell Hammetts Romanvorlage das Drehbuch geschrieben hatte.

Bei der Besetzung hatten Huston und Warner eine glückliche Hand, nicht nur wegen Humphrey Bogart. Huston schaffte es, gegen Jack Warners anfänglichen Widerstand, Peter Lorre als den prototypischen Weichling Joel Cairo durchzusetzen. Mary Astor übernahm die Rolle der Brigid O'Shaughnessy und lieferte eine großartige Charakterisierung weiblicher Durchtriebenheit und verbrecherischer Energie. Sydney Greenstreet, der als Kasper Gutman der wichtigste Gegenspieler Sam Spades (Bogart) war, hätte nicht viele Szenen mehr haben dürfen, und es wäre sein Film geworden. Auch Elisha Cook, der den käsebleichen, vergeblich um ein wenig Autorität kämpfenden Wilmer Cook spielte, hätte von keinem anderen dargestellt werden können.

Humphrey Bogart hatte mit seiner Rolle und diesem schauspielerischen Umfeld enormes Glück, und er wußte es. Er sagte Jahre danach einmal, daß *The Maltese Falcon* zu den wenigen Dingen gehöre, auf die er wirklich stolz sei.

The Maltese Falcon begleitete Humphrey Bogart nun auf fast all seinen schauspielerischen Wegen, auch seine Kostars aus diesem Film. Der Sam Spade war prägend; einige seiner Charakteristika flossen fortan in nahezu alle Bogart-Rollen ein.

Humphrey Bogart, Peter Lorre, Mary Astor und Sydney Greenstreet in ›The Maltese Falcon‹

1942 drehte Bogart drei Filme, *All Through the Night, The Big Shot* (Der große Gangster) und *Across the Pacific* (Abenteuer in Panama), von denen nur der letzte besser als mittelmäßig war, in dem er wieder mit Sydney Greenstreet und Mary Astor vor der Kamera stand. Doch er stand auch völlig im Schatten des nächsten Riesenerfolgs: *Casablanca*.

Nicht anders als *The Maltese Falcon* lebte auch *Casablanca* von der hervorragenden Besetzung, bei der man bis in die kleinste Nebenrolle nichts dem Zufall überlassen hatte, obwohl zunächst fast alle Beteiligten geglaubt hatten, daß aus dieser Vorlage (es war das Theaterstück *Everybody Comes to Rick's* von Murray Burnett und Joan Alison) nur ein miserabler Film werden könne. Dennoch gab jeder sein Bestes, und der Erfolg widersprach sämtlichen Befürchtungen, die es gegeben hatte.

›Casablanca‹

In dieser Rolle des Café-Besitzers Rick Blaine, der vorgibt, an
nichts zu glauben und auf keiner Seite zu stehen, wird Bogart in
seiner unterspielten Sentimentalität zur romantischsten Figur auf
der Leinwand. Das Publikum schmolz dahin, aber auch die American Academy of Motion Picture Arts and Sciences war der Ansicht, daß er hervorragend gespielt habe, und nominierte ihn erst-

mals für einen Oscar, den dann allerdings Paul Lukas für *Watch on the Rhine* (Die Wacht am Rhein) erhielt.

Auch wenn *Casablanca* mittlerweile einigen Filmkennern als »der beste schlechte Film, der je gedreht wurde« gilt, ist Bogarts Lei-

Ingrid Bergman und Humphrey Bogart in ›Casablanca‹

stung darin noch nie in Frage gestellt worden. Er selbst reagierte auf das überschwengliche Lob, das ihm für die großartig dosierte Romantik seines Rick zuteil wurde, so nüchtern, wie er sich der Öffentlichkeit am liebsten dargestellt hat: »Ich habe nichts gemacht, was ich nicht schon einmal gemacht habe. Aber wenn die Kamera auf das Gesicht der Bergman zufährt und sie dir sagt, daß sie dich liebe, dann wird dabei jeder eine romantische Gestalt.«

Mit seinen nächsten vier Filmen, *Action in the North Atlantic, Thank Your Lucky Stars, Sahara* und *Passage to Marseille,* konnte Bogart den Standard, den er mit *Casablanca* gesetzt hatte, in etwa halten. Er gehörte längst zu den Darstellern, die das Publikum schon ihres Namens wegen ins Kino lockten. Man sah sich einen Bogart-Film an, und genau das konnte er bei seinen Vertragsverhandlungen ausnutzen. Kurz vor Beginn der Dreharbeiten zu *Casablanca* hatte er einen Siebenjahresvertrag unterzeichnet, der ihm traumhafte Konditionen garantierte: Er bekam dreitausendfünfhundert Dollar pro Woche plus die jeweilige Gage für eine Rolle, über die dann im Einzelfall verhandelt werden sollte.

Jack Warner wußte längst, daß Bogart sein wichtigstes Zugpferd war und daß er selbst bei einem solchen Vertrag noch ordentlich an seinem Star verdienen würde. Außerdem war der Studioboß fest davon überzeugt, daß Bogart nicht nur vorübergehend Konjunktur haben würde. Damit hatte er einen guten Instinkt bewiesen, denn Humphrey Bogart blieb bis zu seinem Tod ein großer Star, ohne noch einmal magere Zeiten durchmachen zu müssen.

Betty Jean Perske

Am 16. September 1924 kam die spätere Lauren Bacall als Betty Jean Perske zur Welt. Ihre Mutter Natalie war als Kind mit ihren Eltern und ihren Geschwistern aus Rumänien ausgewandert. Bei der Einwanderungsbehörde auf Ellis Island gaben Bettys Großeltern ihren Namen mit Weinstein-Bacal an; der zweite Teil des Namens sollte eineinhalb Generationen später – dann allerdings mit zwei »l« geschrieben – in aller Munde sein. Bettys Vater stammte aus einer polnischen Familie, doch war es der Clan ihrer Mutter, der ihre Kindheit prägte.

Die Ehe ihrer Eltern wurde geschieden, als Betty sechs Jahre alt war. Von nun an sorgten ihre Mutter und deren Familie mit vereinten Kräften dafür, daß Klein-Betty auf dieser Welt nichts Schlimmes geschehen würde. Sie wuchs in der umfassenden Geborgenheit jüdischen Familienlebens auf, und daß ihr Vater nicht mehr da war, wird sie nur selten als Defizit empfunden haben.

Kurz nach der Scheidung nahm Mutter Natalie den zweiten Teil ihres Mädchennamens als Familiennamen an; aus Betty Perske wurde Betty Bacal. Von ihrer desillusionierten Mutter wurde Betty von Anfang an zur Prinzipienstrenge erzogen. Oberstes Gebot war, immer das Bestmögliche aus jeder Situation, aus jeder Lebenslage herauszuholen und nie haltzumachen, ehe man nicht an seinen Grenzen angelangt war. Doch war ihre Mutter deswegen keine verkniffene Ehrgeizige, die ihre Tochter erbarmungslos zum Erfolg trieb, vielmehr war sie nach Bettys Beschreibung eine humorvolle Frau, die ihre Grundsätze lebte, anstatt sie ständig zu predigen. Sie gab ihrer Tochter von klein auf die Sicherheit, daß sie hinter ihr stehe, egal, was käme.

Als Betty verkündete, Schauspielerin werden zu wollen, unterstützte ihre Mutter sie sofort. Sie war felsenfest davon überzeugt, daß ihre Kleine zu Größerem berufen war.

Doch zunächst einmal mußte sie die Schule besuchen, und da ihre Mutter als geschiedene Frau keine großen Sprünge machen konnte, stand die Familie mit finanzieller Hilfe zur Seite, um Betty eine anständige Schulausbildung zu ermöglichen. Sie wurde auf die Highland Manor School für Mädchen geschickt, die etwa eine Zugstunde von New York entfernt war. Damit sah Betty ihre Mutter nur mehr am Wochenende, allzu großes Heimweh scheint sie aber nicht gehabt zu haben.

Nach ihrem Abschluß an der Highland Manor School besuchte sie die High School in New York, was für ihre Familie eine erhebliche finanzielle Belastung gewesen sein muß, denn um weniger Geld für die Miete ausgeben zu müssen, bezogen sie mit Bettys Großmutter und Onkel Charlie, dem Bruder ihrer Mutter, eine kleine Zweieinhalbzimmerwohnung in Manhattan. Durch das enge Zusammenleben mit ihrer Großmutter, die sie vergötterte, wuchs Betty intensiv mit jüdischem Brauchtum auf und in das stark ausgeprägte Zusammengehörigkeitsgefühl einer jüdischen Familie hinein. Ein wichtiger Pol in ihren Kindheits- und Jugendjahren war auch ihr Onkel Charlie, der für sie Vaterersatz und mit seiner überaus pragmatischen Lebensauffassung in allen Problemlagen Anlaufstelle war. Als dieser Onkel eine Katholikin heiratete, war die Familie, allen voran Bettys Großmutter, erst einmal entsetzt, doch dann arrangierte man sich mit Charlies Wahl, sogar mehr als das, man nahm die junge Frau schließlich als vollwertiges Mitglied in die Familie auf. Das als Beispiel dafür, wie ausgeprägt in Bettys Clan die Fähigkeit war, Traditionen hintanzustellen, wenn die Wirklichkeit es erforderte.

Betty machte, wie man es von ihr erwartete, einen ordentlichen Schulabschluß, doch galt ihr eigentliches Interesse in ihren letzten Schuljahren bereits viel mehr dem Tanzen. Sie erhielt Unterricht bei dem berühmten russischen Tänzer Mikhail Mordkin, der ihrer Mutter aber bald erklärte, daß Bettys Füße nicht zum Tanzen gemacht seien. Daraufhin konzentrierte sich Betty ausschließlich auf die Schauspielerei. Zuerst war sie an der New York School of the Theatre, fiel dort aber nicht als überragendes Talent auf. Kaum war ihre Schulausbildung abgeschlossen – und sie war wirklich »heiß« aufs Erwachsenenleben –, ging sie auf die American Academy of Dramatic Arts. Auch diese Ausbildung konnte von der Familie nur mit vereinten Kräften finanziert werden, doch man tat es gern.

Im Herbst 1940 begann der Ernst des Lebens an der American Academy, die sich ausschließlich auf das Theater konzentrierte. Zuerst einmal mußte sich Betty den strengen Regeln anpassen, die dort galten, und dann lernen, wie man richtig atmet und spricht. Wie man seinen Körper einsetzt, um Gefühle mit ihm auszudrükken, wie man sich die Rollen erarbeitet und sie aufschlüsselt. Betty verbrachte ein Jahr auf dieser Schule und beherrschte danach das technische Basisrepertoire einer Bühnenschauspielerin wenigstens in Grundzügen. Sie wäre gerne noch ein zweites Jahr dort ge-

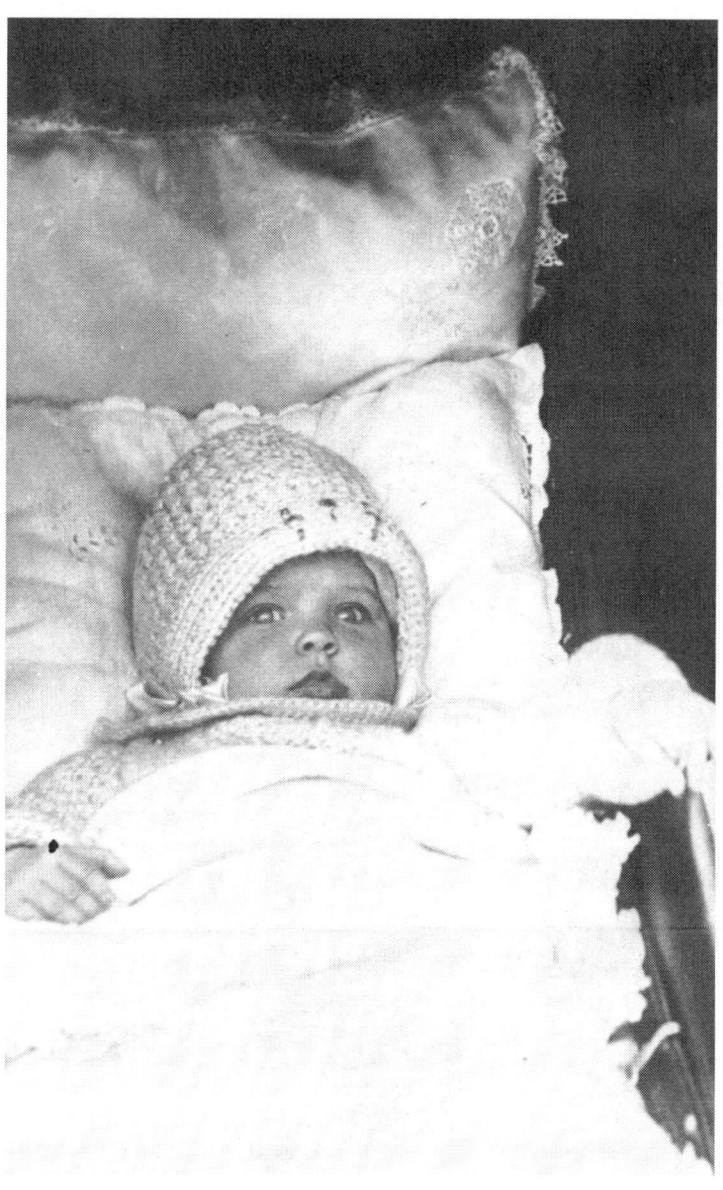

Betty Jean Perske als noch kein Mensch ahnte, was einst aus ihr werden würde

*Links: Betty mit ihrer
Mutter Natalie*

*Rechts: Betty im Alter von
acht Jahren*

blieben, doch schaffte es ihre Familie finanziell nicht mehr, und da
obendrein die Schulleitung an Frauen grundsätzlich keine Stipen-
dien vergab, blieb es bei dem einen Jahr an der American Academy. Betty mußte nun Geld verdienen und bewarb sich erst einmal als Modell bei einer Agentur. Sie war noch keine siebzehn, als
sie im Mai 1941 ihren ersten, schlecht bezahlten Job bekam.
In diesem Metier wurde Betty dann verstärkt mit antisemitischen
Stereotypen konfrontiert, und sie litt stark darunter.
Ihre Arbeit als Modell ließ ihr genügend Zeit, um sich weiterhin intensiv um ein Engagement als Schauspielerin zu bemühen. Zunächst einmal las sie regelmäßig *Actor's Cue,* in dem alles stand,
was sich im New Yorker Theaterleben abspielte. Betty bewarb sich
unter anderem für eine Rolle in dem Musical *Best Foot Forward,*
doch das Vorsingen war ein Reinfall; sie ging bei der Rollenver-
gabe leer aus.
Ihr wurde immer klarer, daß sie mit ihrer Arbeit als Modell dem
Schauspielerberuf keinen Schritt näher kam. Deshalb bewarb sie

sich bei den Theaterbesitzern am Broadway als Platzanweiserin. Daß sie nur acht Dollar die Woche verdiente, war ihr ziemlich egal, Hauptsache war für sie, Theaterluft schnuppern zu können. In jenen Tagen eröffnete in New York die Stage Door Canteen, für die man dringend Hostessen suchte. Betty verpflichtete sich für die Montagabende und hatte die Aufgabe, mit jedem Soldaten, Seemann oder sonstigen Uniformierten zu tanzen, der sie dazu aufforderte. Außerdem mußte sie sie mit Drinks oder Kaffee versorgen und ihnen zuhören.

Betty klapperte trotz dieses Jobs weiterhin die Besetzungsbüros und Agenturen ab, mit dem Erfolg, daß sie tatsächlich eines Tages eine Statistenrolle in der Broadway-Inszenierung *Johnny 2 x 4* angeboten bekam. Sie sollte fünfzehn Dollar die Woche verdienen, doch wichtiger an diesem Engagement war, daß sie bei der Unterzeichnung ihres Vertrags ans Ende ihres Familiennamens ein »l« anhängte, da sie befürchtete, daß man Bacal – mit einem »l« – wie Bäckl anstatt wie Bäkahl aussprechen würde.

Als im Februar 1942 die Proben am Longacre Theatre begannen, hatte Betty das großartige Gefühl, nun eine richtige Schauspielerin zu sein. Das Stück hatte am 16. März 1942 Premiere, aber es stellte sich sehr bald heraus, daß es kein Erfolg werden würde, Betty mit diesem Engagement also keine Dauerstellung gewonnen hatte. Sie mußte sich nach einem neuen Engagement umsehen, sprach für verschiedene Rollen vor, unter anderem für die Stücke *My Sister Eileen* und *Claudia*. Während sie in ersterem keine Rolle bekam, bot man ihr in *Claudia* die Möglichkeit, als Zweitbesetzung der Hauptrolle mit auf Tournee zu gehen. Nach langem Überlegen entschied sie, dieses Angebot auszuschlagen, weil sie in dem einen Jahr, in dem sie mit diesem Stück durchs Land ziehen sollte, den Anschluß an die New Yorker Theaterszene verpaßt hätte. Es blieb ihr nichts anderes übrig, als sich weiterhin durch ihre Arbeit in der Stage Door Canteen und als Photomodell ein paar Dollar zu verdienen.

Im Mai 1942 wurde sie zur Miss Greenwich Village gekürt, doch brachte sie diese kleine Episode am Rande beruflich kein bißchen weiter. Dafür hatte ihr immerhin ihre Arbeit im St. James Theatre in einer Theaterkritik im *Esquire* das Prädikat »hübscheste Platzanweiserin« eingetragen – ihr Name wurde dabei allerdings nicht erwähnt.

Im gleichen Jahr suchte Max Gordon die richtige Besetzung für die Komödie *Franklin Street* von Arthur Sheekman und Ruth und Augustus Goetz. Regie sollte George S. Kaufman führen, der damals zu den angesehensten Bühnenregisseuren zählte. Das Vorsprechen war für Betty eine fast unerträgliche Zitterpartie, der auch noch eine ziemlich lange Wartezeit folgte, bis sie endlich erfuhr, daß sie eine Rolle in diesem Stück bekommen würde – ihre erste Sprechrolle.

Familienmensch, der sie war, erzählte sie sofort ihren Angehörigen, die an jedem Detail auf ihrem Weg zur Schauspielerin voller Wärme Anteil nahmen, von ihrem ungeheuren Glück. Selbst ihre Großmutter, die sich für ihre Lieblingsenkelin eigentlich einen respektableren Beruf gewünscht hatte, ließ sich von ihrer Freude anstecken.

Anders als viele andere junge Frauen, die zur Bühne oder zum Film wollten, hatte Betty das Glück, nicht aus zerrütteten Verhältnissen zu stammen. Sie konnte ihre Enttäuschungen und Freuden immer jemandem mitteilen; seelische Not oder Einsamkeit scheint sie auch in ihrer Anfangsphase nie wirklich kennengelernt zu

Links: Betty mit ihrem Onkel Charlie,
ihrem Ersatzvater

Oben: Betty in ihrer New Yorker Zeit
mit Burgess Meredith

haben. Für ihre Entwicklung war das sicherlich sehr wichtig, denn es blieb ihr und ihrer Umwelt dadurch erspart, daß sie sich eine innere und äußere Härte antrimmte, die ihre Lebensfreude und ihre Kompromißfähigkeit, die ihr trotz ihres enormen Dickschädels nicht fehlten, beeinträchtigt hätte. Die Geborgenheit, die sie in ihrer Familie fand, hat sie in ihrer Persönlichkeitsentwicklung offenbar mehr als alles andere geprägt.

Trotz ihres Engagements in *Franklin Street* behielt sie ihren Job als Hosteß in der Stage Door Canteen. Ansonsten aber konzentrierte sie sich völlig auf das Stück. Die Proben waren für sie nicht einfach, weil sie ihre Nerven nicht immer in den Griff bekam. Dieses Problem wurde schließlich dadurch gelöst, daß Kaufman während der Proben eine Umbesetzung vornahm, durch die Betty die Rolle der Maud bekam, in die sie sich viel besser hineinfinden konnte.

Bevor man das Stück am Broadway startete, wollte man noch in die »Provinz« gehen, um seine Wirkung gründlich zu testen. Für Betty und ihre Mutter hieß das, daß sie zum erstenmal für längere Zeit getrennt sein würden, und Mutter Bacal fürchtete dabei sehr um ihre Kleine, denn in ihren Augen waren Theaterleute Menschen, denen man nicht vorsichtig genug begegnen konnte.

Das Ensemble fuhr nach Washington D. C., wo sich sehr bald herausstellte, daß das Stück, so wie man es einstudiert hatte, beim Publikum nicht gerade begeisterte Aufnahme fand. Betty erfuhr, daß es vor seiner Broadway-Premiere gründlich überarbeitet werden sollte, was nichts anderes hieß, als daß es so schnell nicht zur Aufführung kommen würde, eventuell sogar nie, und daß Betty damit wieder ohne Engagement dastand. Wenigstens versprach ihr Max Gordon, an sie zu denken, wenn er wieder ein Stück zu besetzen habe.

Im November 1942 lernte Betty den englischen Schriftsteller Timothy Brooke kennen, der seit Jahren in den Vereinigten Staaten lebte und ein Bekannter von Nicolas de Gunzburg, einem der Herausgeber von *Harper's Bazaar,* war. Diese Bekanntschaft mit Timothy Brooke war der Ausgangspunkt für die beinahe unwirkliche Wendung, die Bettys Leben nehmen sollte.

Timothy Brooke war von Betty begeistert, setzte sich bei de Gunzburg für sie ein und stellte sie ihm vor. Sie sollte gleich am Tag darauf zu ihm kommen und die Bekanntschaft von Diana Vreeland machen, die damals für das Moderessort im *Bazaar* zuständig war.

Diana Vreeland behandelte Betty so, als gäbe es nicht mehr den geringsten Zweifel daran, daß Betty demnächst *Bazaar*-Modell sein würde. Sie bestellte Betty für den folgenden Tag zu Louise Dahl-Wolfe ins Photoatelier. Die Star-Photographin machte einige Aufnahmen von ihr und war davon überzeugt, daß man mit diesem Gesicht etwas Besonderes gefunden habe.

Betty war von Januar 1943 an beinahe in jeder Nummer von *Harper's Bazaar* abgelichtet. Im März war sie sogar Cover-Girl: Sie stand vor einer Tür mit einer Milchglasscheibe, auf der – von Betty halb verdeckt – zu lesen war: AMERICAN RED CROSS BLOOD DONOR SERVICE. Mit achtzehn auf dem Titelbild von *Harper's Bazaar* – damit war beinahe klar, daß Hollywood sich demnächst bei ihr melden würde. Zunächst einmal meldete sich David O. Selznicks Büro. Man hatte ihm erzählt, daß auf dem *Bazaar*-Cover eine Frau abgebildet sei, die seiner einstigen Entdeckung K. T. Stevens sehr ähnlich sehe. Betty ging zu seinem New Yorker Mitarbeiter, mit dem sie ein halbstündiges Gespräch führte, doch kam dabei nichts Konkretes heraus.

Auch Columbia Pictures bekundete Interesse. Man suchte nämlich für den Film *Cover Girl* (Es tanzt die Göttin), in dem Rita Hay-

Das Cover von »Harper's Bazaar«, aus dem ein Ticket nach Hollywood wurde

worth bereits für die Hauptrolle feststand, acht bis zehn junge Frauen, die in jüngster Zeit auf dem Titelblatt einer Zeitschrift zu sehen gewesen waren. Mit diesem ersten Filmauftritt wollte sich Columbia zudem eine einjährige Option für weitere Filme mit Betty sichern. Klang verlockend.

Das Rennen machte am Schluß aber Howard Hawks. Er versprach ihr zunächst überhaupt nichts; er wollte sie erst einmal für einige Wochen nach Hollywood holen, um Probeaufnahmen mit ihr zu machen. Wenn ihm das Ergebnis gefiele, würde er sie persönlich unter Vertrag nehmen.

Für Betty und ihre Familie war die Entscheidung sehr schwer. Erstens hatte man von Hollywood und seinen Gepflogenheiten nicht die leiseste Ahnung, zweitens entschied man über Bettys Zukunft, und wie immer wollte ihre Familie jedes Risiko ausschließen.

Den Ausschlag für Hawks, der über Charles Feldman an sie herangetreten war, gab, daß Betty in *Cover Girl* nur eine von vielen gewesen und im Glanze Rita Hayworths völlig verblaßt wäre. Darin sahen sie und ihre Familie die Gefahr, in Hollywood nur eine Eintagsfliege zu werden. Also einigte man sich auf Howard Hawks, der sich auch dazu verpflichtet hatte, bei ihren Probeaufnahmen Regie zu führen. Bis auf weiteres sollte Betty fünfzig Dollar die Woche bekommen. Wenn Hawks die Probeaufnahmen gefielen, sollte sie einen langfristigen Vertrag und mehr Geld erhalten. Das war die Grundlage, auf der sich Betty im April 1943 nach Hollywood begab.

In Hollywood ging es für Betty so weiter, wie es in New York geendet hatte: Sie mußte sich nicht im Alleingang ihren Weg nach oben bahnen. Charles Feldman erwartete sie. Er und seine Frau sorgten in den ersten Monaten dafür, daß sich Betty in der großen Welt, in der man nach anderen Gesetzen lebte, nicht verlor.

Am 7. April brachte Feldman sie zu Howard Hawks, der ihr in seiner souveränen, entspannten Art und seiner ruhigen Sprechweise schnell ihre Ängste nahm.

In weiteren Gesprächen stellte sie dann fest, daß Hawks über Juden keine besonders gute Meinung hatte, und mit der Zeit fiel ihr auch auf, daß Feldman der einzige Jude war, mit dem er engeren Kontakt pflegte. Betty fürchtete nun, daß Hawks erfahren würde, daß sie Jüdin war, und ihre große Chance dann vertan sein könnte. Doch ihre Angst verflog schnell, und Hawks erfuhr es erst viel später.

Hawks war mit dem Ergebnis der Probeaufnahmen überaus zufrieden. Für Hollywood-Verhältnisse entschloß er sich sehr schnell, Betty unter Vertrag zu nehmen. Die Laufzeit betrug sieben Jahre. In der Anfangszeit sollte sie hundert Dollar pro Woche verdienen, und diese Summe sollte sich bis zum siebten Jahr auf eintausend-zweihundertfünfzig Dollar erhöhen.

Betty mietete sich ein möbliertes Apartment am Reeves Drive und schrieb ihrer Mutter, daß sie nun jederzeit ihre Arbeit in New York aufgeben und zu ihr nach Hollywood ziehen könne. Daß sie nun, nach all den Jahren, in denen ihr ihre Mutter alles ermöglicht hatte, was für sie erschwinglich war, die Gelegenheit hatte, dieser das Leben noch ein wenig leichter zu machen, freute sie sehr und erfüllte sie mit Stolz. Mutter Natalie kam auch prompt nach Kalifornien, so daß Betty nun nicht mehr unter Einsamkeit zu leiden hatte. Bis sie ihre erste Rolle übernehmen konnte, sollte es noch einige Zeit dauern. Sie genoß die Tage, verbrachte viel Zeit mit Howard Hawks und auf Festen und damit, ihre Stimme so zu trainieren, daß sie in gefühlsgeladenen Situationen nicht schrill werden würde, was für Hawks eine Horrorvorstellung war.

Monatelang erfuhr Betty nicht, was Hawks nun eigentlich mit ihr vorhatte. In dieser Zeit arbeitete sie hauptsächlich daran, Hawks' Erwartungen zu entsprechen: Wie spielt man eine Szene mit maskuliner Attitüde – ohne jede weibliche Hilflosigkeit, offensiv, souverän? Orientierungspunkt Bettys für all diese Qualitäten war Rosalind Russell, die in dieser Beziehung in *His Girl Friday* (Sein Mädchen für besondere Fälle) die maßgebliche Vorgabe geliefert hatte. Hawks wollte sie zu seiner Kreatur machen, und Betty zog bereitwillig mit.

Sie war schon etliche Monate in Hollywood, als sie zum erstenmal mit Humphrey Bogart zusammentraf. Howard Hawks nahm sie mit zum Set von *Passage to Marseille* und machte die zwei miteinander bekannt. Vom Donner gerührt sei nach dieser ersten Begegnung keiner von beiden gewesen, erzählt Betty Bacall. Sie sei vielmehr verblüfft gewesen, wie klein und schmächtig er war. Ansonsten habe sie ihn vorerst als freundlichen Menschen in Erinnerung behalten.

Kurz nach Weihnachten 1943 bestellte Howard Hawks Betty in die Warner-Studios, um ihr mitzuteilen, daß er im Februar 1944 mit den Dreharbeiten zu *To Have and Have Not* (Haben und Nichthaben) beginnen wolle und daß sie an der Seite Humphrey Bogarts spielen werde. Mit Bogart habe er bereits gesprochen, ihm auch die Probeaufnahmen von ihr gezeigt. Sie hätten ihm gefallen, so

Hawks. Von da an probte Betty Tag für Tag in Hawks Büro mit John Ridgeley die wichtigsten Szenen des Films. Mit Bogart konnte sie nicht proben, weil der noch im Dienste des Vaterlands unterwegs war: Er trat vor den amerikanischen Truppen auf, die in Casablanca stationiert waren. Man erwartete ihn erst kurz vor Drehbeginn zurück.

Howard Hawks suchte Bettys Kostüme aus und hämmerte ihr immer wieder ein, daß sie frech aufzutreten habe, frech, frech und noch mal frech, nur ja kein Weibchen sein.

Nach ein paar Wochen wurden die ersten Probeaufnahmen für den Film gemacht, von denen alle, einschließlich Jack Warner, begeistert waren. Betty hatte die Rolle der Marie nun endgültig in der Tasche.

Fehlte nur noch ein »ordentlicher« Vorname, denn »Betty« war überhaupt nicht nach Hawks' Geschmack. Er dachte ein paar Tage nach und kam dann auf Lauren: Aus Betty Bacal war, zumindest für die Öffentlichkeit, auf immer und ewig Lauren Bacall geworden. Privat aber blieb sie immer »Betty«. Hawks fand ihren neuen

Vornamen geheimnisvoll, und gegenüber der Presse sollte sich Betty genau dieses Image schaffen. Sie sollte, so wollte es Hawks, sowenig wie möglich reden und immer reserviert und kühl bleiben. Nach ihrer eigenen Aussage ein schweres Unterfangen für Betty. Bis zum Beginn der eigentlichen Dreharbeiten sah sie Bogart nur selten, aber er hatte ihr bereits angekündigt, daß sie beide gut miteinander auskommen würden.

To Have and Have Not
(Haben und Nichthaben)

To Have and Have not entstand offiziell nach einer Vorlage von Ernest Hemingway, aber als der Film fertiggestellt war, hatte er nicht mehr viel Ähnlichkeit mit dieser. Doch tat ihm das keinen Abbruch. Was wirkte – und zählte –, war die deutlich spürbare erotische Spannung zwischen den beiden Hauptdarstellern, die hier trotz der sterilen Zwischeninstanz einer Leinwand fast ungebrochen auf das Publikum ausstrahlte.

Über die Vorgeschichte zu diesem Film erzählte Howard Hawks: »Ich sprach mit Hemingway. Ich versuchte, ihn zu überreden, etwas für mich zu schreiben. Er sagte: ›Ich möchte mit Hollywood nichts zu tun haben.‹ Wir saßen in seinem Boot und fischten. Ich sagte zu ihm: ›Wir können uns hier in Sun Valley treffen. Wo du willst. Auch in Afrika. Dann schreiben wir eine Geschichte. Du bist doch immer pleite und kannst Geld gebrauchen.‹ Er dachte einen Augenblick nach und sagte: ›Ich will nicht.‹ Ich sagte: ›Ich kann aus dem schlechtesten Buch, das du je geschrieben hast, einen Film machen.‹ Er fragte mich: ›Welches ist mein schlechtestes Buch?‹ Ich sagte: ›Dieser Mist mit dem Titel *To Have and Have Not.*‹ ›Nein, aus dem kannst du keinen Film machen‹, meinte er. Daraufhin setzten wir uns zwei Wochen lang zusammen und entwickelten die Handlung für den Film, die das Zusammentreffen dieser beiden Menschen beinhaltete und sich so ziemlich an die Vorgaben hielt.«

Doch in Wirklichkeit übernahm Hawks nur den Titel, ein paar Charakterzüge der Hauptfiguren und deren Namen.

Als sie die Grundzüge dieses Films ausarbeiteten, ging es beiden darum, ihr ausgeprägtes Interesse für das Thema »Männer ohne Frauen« umzusetzen, für Männer, die der Ansicht sind, daß man Frauen brauche. Frauen, die bereit sind, ihnen einen Platz in ihrem Leben zu überlassen. Hawks bevorzugte, ebenso wie Hemingway, Figuren, die mehr handeln als sprechen und über ihre Gefühlswelt nur wenig Worte verlieren. Sie wollten also beide Figuren, die entweder dem Leser oder dem Zuschauer einen gewissen Interpretationsspielraum lassen und nicht bis in die letzte Nische erklärt sind. Beiden ging es außerdem darum, ausgeprägte Individualisten im Rahmen ihres persönlichen Moral- und Ehrenkodex darzustellen, der ohne weiteres jenseits der sozialen Normierungen liegen konnte, ohne dabei in Frage gestellt zu werden. Bei beiden resultierte aus diesem Anliegen ein ziemlich reduzierter, fast minimalistischer Ansatz, den Bogart und Bacall als Darsteller beinahe ideal umsetzen konnten.

Als Drehbuchautoren verpflichtete Hawks William Faulkner und Jules Furthman. Faulkner hatte mit Hawks bereits bei *Today We Live* (Wir leben heute, 1935), *The Road to Glory* (Der Weg zum Ruhm, 1935) und *Air Force* (Luftwaffe, 1943) zusammengearbeitet. Jules Furthman hatte die Drehbücher zu *Only Angels Have Wings* (SOS – Feuer an Bord, 1939) und *The Outlaw* (Geächtet, 1940) geschrieben. *The Outlaw* war damals einer der populärsten Filme. Jane Russell kam mit ihm ganz groß heraus. Obwohl Howard Hughes als Regisseur dieses Films geführt wird, war Hawks die kreative Kraft im Hintergrund.

Faulkner und Furthman versuchten, Hawks' Wunsch, atmosphärisch an *Casablanca* anzuknüpfen, in ihr Drehbuch einzuarbeiten.

Lauren Bacall, Humphrey Bogart, John Ridgeley und Howard Hawks während der Dreharbeiten zu ›To Have and Have Not‹

Einiges in *To Have and Have Not* weist deutlich darauf hin. Schauplatz ist wieder französisches Einflußgebiet, nämlich die Insel Martinique, obwohl es in Hemingways Vorlage Key West war, der südlichste Punkt der Vereinigten Staaten. Die Handlung ist ähnlich einfach gestrickt wie in *Casablanca*. Gute und Böse sind ohne weiteres voneinander zu unterscheiden.

Der Film lebt fast ausschließlich von der persönlichen Beziehung, die die Protagonisten zueinander entwickeln und die im Laufe des Geschehens die Maximen der Beteiligten beeinflußt oder gar eliminiert. Doch bleiben dabei die beiden Hauptfiguren immer Herr ihrer Entscheidungen, keiner wird zum verliebten Dussel, der um seiner starken Gefühle für den anderen willen seine Grundsätze aufgibt, nur um damit dem jeweils anderen ein wenig liebenswerter zu erscheinen.

Wie sehr man sich selbst treu bleibt, läßt Hawks auch über die Stimmlagen signalisieren, die bei Bacall wie bei Bogart fast so etwas wie Indifferenz anklingen lassen. Natürlich entspricht das nicht der Handlung, dafür entspricht es Hawks' Anliegen, seine Figuren ihre Gefühle grundsätzlich unterspielt andeuten zu lassen.

In dieser Beziehung ist Hawks mit *To Have and Have Not* ein Meisterstück geglückt. Es gelingt ihm, trotz der nicht gerade dramatischen Handlung, mit Hilfe dieser ökonomisch eingesetzten Elemente eine Spannung aufzubauen, die über einige Schwächen des Films hinwegtäuscht.

»Das Bedeutsame an diesem Film ist«, schrieb James Monaco, »daß er das Produkt einer Anzahl künstlerischer Persönlichkeiten ist – und dennoch wegen seiner Geschlossenheit beeindruckt. Kaum ein Hollywood-Film kommt ihm an Unterhaltsamkeit gleich. Die elektrisierende Beziehung zwischen Bogart und Bacall verschmilzt mit Hawks' geistvoller Inszenierung, Chandlers lakonisch-poetischem Existentialismus und den harten, brillanten, witzigen Dialogen und der elegant verschlungenen Handlungsführung, die die Drehbuchautoren (unter Hawks' Leitung) beisteuerten. Das Ergebnis ist ein außerordentlich wirkungsvolles Unterhaltungsinstrument.«

Die Handlung von *To Have and Have Not* ist schnell nacherzählt. Schauplatz ist Fort de France auf der Insel Martinique. Im Zentrum steht an sich die politische Situation auf dieser Insel, die unter dem fast diktatorischen Regiment der Vertreter der französischen Vichy-Regierung ziemlich beklemmend ist. Ein falsches Wort, die falsche Einstellung, und schon droht das Internierungslager.

Genaugenommen eine Dreierbeziehung: Walter Brennan, Lauren Bacall und Humphrey Bogart in ›To Have and Have Not‹

Bogart spielt in diesem Film den Harry Morgan, der davon lebt, daß er sein Boot an Fremde verleiht, die in der Karibischen See angeln wollen. Aus der Politik will er sich völlig heraushalten, er will sich einzig und allein um seine Angelegenheiten kümmern. Entsprechend ablehnend reagiert er, als er von Gérard (Marcel Dalio), dem Besitzer des Hotels, in dem er wohnt, gebeten wird, mit seinem Boot einige gefährdete Gegner der Vichy-Regierung in Sicherheit zu bringen. Kaum hat er den vier Männern erklärt, daß er ihnen nicht helfen werde, werden diese auf der Straße mit Maschinengewehrsalven beschossen. Zwei von ihnen sterben dabei. Nachdem Harry einen der beiden Überlebenden heimlich besucht hat, erklärt er sich schließlich doch bereit, einen Verfolgten mit seinem Boot zu transportieren. Zu seiner Überraschung erwarten ihn an der verabredeten Stelle nicht nur ein Mann, sondern auch dessen Frau: Hélène und Paul de Brussac (Dolores Moran und Walter Molnar). Bei ihrer nächtlichen Fahrt stoßen sie auf ein Patrouillenboot der französischen Regierung, dem sie nur entgehen können, indem Morgan dessen Scheinwerfer zerschießt. Bei dem Schußwechsel wird de Brussac verletzt. Morgan ist damit schon ziemlich tief in die Aktivitäten der De-Gaulle-Anhänger verstrickt, will es aber noch nicht wahrhaben. Nur widerwillig holt er dem verletzten de Brussac die Kugel aus der Schulter, gibt die beiden Flüchtlinge allerdings der Polizei, als diese ihn verhört, nicht preis. Die Polizei ahnt aber, daß er mit ihnen unter einer Decke steckt, und verhaftet Eddie (Walter Brennan), den Freund Morgans, um aus ihm herauszuholen, was der nicht sagen will. Die Lage spitzt sich zu, ein harter Schlag der Polizei scheint bevorzustehen. Unterdessen wird Morgan ständig von Gérard und de Brussac bearbeitet, sich doch in den Dienst ihrer Sache zu stellen. De Brussac plant, einen französischen Freiheitskämpfer aus dem Internierungslager auf der Teufelsinsel zu befreien. Als die Polizei unter der Führung Kapitän Renards (Dan Seymour) zum entscheidenden Schlag ausholen will und Harry in einer sehr bedrängten Lage ist, bringt er sich durch seine und Maries (Lauren Bacall) Geistesgegenwart in eine günstige Lage. Er erschießt einen der Polizisten, die zu ihm ins Zimmer gekommen sind und kann Renard mit vorgehaltener Pistole dazu zwingen, daß er erst per Telefon die Freilassung Eddies anordnet und dann einige Hafenscheine für ihn, Eddie, Marie und die beiden de Brussacs ausstellt, die ihm freie Fahrt sichern. Harry Morgan, der sich am Anfang nur um seine eigenen Angelegenheiten kümmern wollte, ist nun bereit, de Brussac und die Freiheitsbewegung zu unterstützen. Marie, die für die Handlung des Films eigentlich unwichtig ist, hat für die zweite Bekehrung gesorgt. Seine generell niedrige Meinung über Frauen ist durch seine langsam gewachsene Liebe zu ihr durchlöchert worden. Daß er die Interessen der Freiheitskämpfer zu den seinen macht und die Liebe zu Marie gelten läßt, entspricht, gemessen an seiner Selbstdarstellung zu Beginn des Films, einer völligen Kehrtwendung.

Der Film stellt genaugenommen nicht nur die Beziehung zwischen Marie und Harry Morgan in den Mittelpunkt, sondern auch die zwischen Eddie und Harry, die mit Männerfreundschaft im üblichen Sinn wenig zu tun hat. Genaugenommen ist nämlich der Trinker Eddie, mit dem Harry nur scheinbar grob umspringt, fast so

etwas wie ein Kind für ihn. Daß Marie als einzige in Harrys Umge-
bung den richtigen, eben fast kindgerechten Ton im Umgang mit
Eddie findet, wertet sie von Anfang an wesentlich auf und qualifi-
ziert sie als Kumpel. Doch wäre sie ausschließlich ein Kumpeltyp,

›To Have and Have Not‹

›To Have and Have Not‹

wäre der Film letztlich ohne erotische Spannung geblieben. Daß sie dieser Dimension noch ihre ganz eigene, herausfordernde, aber keinesfalls kokette weibliche Ausstrahlung hinzufügen kann, macht sie zu einem sehr glaubhaften, auch gleichwertigen Gegenpart für Humphrey Bogart, der in *To Have and Have Not* keinen Zweifel daran läßt, was er von Frauen hält, die zwar herausfordernd auftreten, aber Herausforderungen nicht standhalten können. Als nämlich Hélène de Brussac in Ohnmacht fällt, als sie ihren Mann leiden sieht, kann er nur ironisch reagieren. Von Mitleid keine Spur. Gleichzeitig ist es aber genau dieser Frauentyp, der Marie so interessant macht. Daß Betty in der Rolle der Marie diesem Klischee von holder Weiblichkeit nicht entsprach, machte sie gleich nach ihrem ersten Film zum Star.

Zitterpartie

Das einzige, worauf Howard Hawks Lauren/Betty Bacall vorbereitet hatte, war, daß sie mit Humphrey Bogart zusammen spielen würde. Daß er ihr gleich in ihrem Debütfilm die Hauptrolle geben wollte, das sagte er ihr erst sehr spät.

Betty fühlte sich geehrt, glaubte aber trotz der freundlichen Worte, die Bogart ihr nach ihren Probeaufnahmen gesagt hatte, eher, daß es nicht immer das reine Vergnügen sein würde, mit ihm zusammenzuarbeiten. Sie dachte, daß seine Leinwand- und seine private Persönlichkeit identisch seien, folglich, daß er ein ziemliches Rauhbein sein müsse.

Bis zum Drehbeginn hatte Betty noch alle Hände voll zu tun. Ihre Kostüme mußten entworfen und anprobiert werden, man mußte die richtige Frisur für sie finden, und die Maskenbildner sollten herausfinden, wie sie ihre Vorzüge am besten zur Geltung bringen konnte.

Inzwischen war auch ihre Mutter zu ihr nach Hollywood gekommen, die jetzt, wo sich abzeichnete, daß ihr Kind für längere Zeit in der Fremde bleiben würde, nicht mehr in New York bleiben mochte.

Es ist nicht sehr wahrscheinlich, daß Betty in dieser Vorbereitungsphase schon sehnsüchtig an Bogart dachte. Zum einen hatte er auf sie nicht gerade umwerfend gewirkt, zum anderen war sie in einen sehr sittenstrengen Moralkodex hineinerzogen worden, der es keinesfalls zuließ, daß man mit einem verheirateten Mann in eine enge Beziehung trat. Und Mayo sorgte schon dafür, daß niemand vergaß, daß Bogart ein verheirateter Mann war. Besonders denkwürdige Auftritte hatte sie während der Dreharbeiten zu *Casablanca* hingelegt, wo sie nicht glauben mochte, daß die Beziehung zwischen Ingrid Bergman – sie war damals ein Superstar – und ihrem Mann nur auf der Leinwand so innig sein sollte. Der Öffentlichkeit war all das bestens bekannt, dafür sorgten schon Klatschreporterinnen vom Schlage einer Louella Parsons oder einer Hedda Hopper, vor denen Hollywood zitterte.

Anfang März begannen die Leseproben zu *To Have and Have Not.* Um die Schauspieler herum war ein Riesenverhau, da gleichzeitig die Dekorationen aufgebaut wurden. Daß Bogart ganz anders war, als Betty sich das vorgestellt hatte, stellte sie sehr bald fest. Er reagierte überhaupt nicht ungnädig oder ungeduldig, wenn bei ihr nicht alles beim ersten Versuch klappte. Vielmehr gab er ihr von Anfang an wichtige kleine Tips, die ihr den Zugang zu ihrer neuen Arbeit erheblich erleichterten.

Außerdem hatten sich Hawks und William Faulkner die größte Mühe gegeben, das Drehbuch, das Jules Furthman nach dem Roman von Ernest Hemingway geschrieben hatte, nach und nach so umzuarbeiten, daß Lauren Bacall mit ihren Dialogen keine Schwierigkeiten mehr hatte.

Betty war bei den Dreharbeiten der einzige Neuling, doch machte ihr das keine großen Probleme, schließlich hatte sie in Howard Hawks, der bereit war, sich stark auf sie zu konzentrieren, von Anfang an einen Bezugspunkt. Außerdem dauerte es nicht allzu lange, bis sie in ihrem Hauptdarsteller eine zweite Person gefunden hatte, die sich sehr um sie kümmerte.

Bereits nach wenigen Tagen spürten die ersten Mitarbeiter auf dem Set, daß zwischen den beiden etwas im Busch sein müsse.

Joe Hyams berichtet, daß sich am Drehort üblicherweise nur die Schauspieler befanden, die gerade für eine Szene gebraucht wurden. Die anderen gingen in ihre Garderoben oder woandershin.

Bogart ging nicht, wenn Betty alleine vor der Kamera stand; er blieb am Set und schaute ihr zu. War sie mit ihrer Einstellung fertig, setzte sie sich zu ihm, ließ sich von ihm Tips geben oder unterhielt sich einfach mit ihm. Hyams erzählt weiter: »Nach wenigen Wochen sah Betty Bogie beim Drehen zu, und manchmal verschwanden sie zu langen Gesprächen in ihrer oder seiner Garderobe.

In der Mittagspause gingen Schauspieler und Stab oft gemeinsam in die Kantine. Dort herrschte eine ungeschriebene Rangordnung. Die Stars saßen meist auf einer Seite des Raums, während die Mannschaft und die restlichen Schauspieler auf der anderen Seite Platz nahmen. Auf der Seite der Stars standen Tische für sechs, aber auch Tische für zwei Personen.

Betty und Bogie setzten sich anfänglich zu Hawks und den anderen Stars. Aber am Ende der Woche zogen sie bereits einen Zweiertisch vor.«

Die Filmteams waren daran gewöhnt, daß es während Dreharbeiten immer wieder zu kleinen Affären kam. Daß es in diesem Fall der große Bogie und die kleine Bacall waren, änderte an der Routine nur wenig. In Bogarts Fall war es aber noch wichtiger als sonst, daß nichts nach außen drang, denn Mayo Method war inzwischen nicht sanftmütiger geworden, und sie hatte mehr Grund denn je,

Werbeaufnahmen mit realem Hintergrund

eine Rivalin zu fürchten, da sie durch ihren ungeheuren Alkoholkonsum und offenbar auch durch ungezügelte Eßgier äußerlich
ziemlich verkommen war.

Lauren Bacall beschreibt in ihren Memoiren den ersten Kuß zwischen den beiden; die Szene muß filmreif gewesen sein: »Wir drehten seit etwa drei Wochen an dem Film – der Tag war zu Ende –, ich mußte noch eine Einstellung drehen, saß vor dem Frisiertisch in meiner tragbaren Garderobe und kämmte mein Haar. Bogie kam herein, um mir gute Nacht zu wünschen. Er stand hinter mir – wir machten die üblichen Scherze –, da beugte er sich plötzlich über mich, legte seine Hand unter mein Kinn und küßte mich.« Am selben Abend gab er ihr auch seine Telephonnummer, und damit war auch über das Studio hinaus eine Beziehung zwischen den beiden hergestellt. Betty und Bogie konnten sich außerhalb des Studios nur unter großen Risiken treffen, und da Restaurants und Bars ganz besonders gefährliche Plätze waren, trafen sie sich meistens bei Freunden von Bogie.

Betty war trotz aller Heimlichtuerei im siebten Himmel. Ihre Aschenputtelträume waren zunächst einmal wahr geworden: Sie durfte einen Film machen und hatte dabei gleich ihren Prinzen kennengelernt. Um den mußte sie allerdings noch einige Zeit gehörig zittern, denn Bogart fiel die Trennung von Mayo Method enorm schwer. Vermutlich nicht deshalb, weil er sie noch geliebt hätte, sondern weil er wußte, daß dieses Wrack, das mittlerweile aus seiner Frau geworden war, das Leben ohne ihn kaum würde ertragen können. Trotz ihrer entsetzlichen Ausbrüche vergötterte diese Frau ihn, und Bogart hatte das Gefühl, für sie verantwortlich zu sein.

Aber auch Howard Hawks machte den beiden Schwierigkeiten, d. h. genaugenommen nur Betty, weil er sich an Bogart offenbar nicht herantraute. Eines Abends lud er Betty zu sich und seiner Frau Slim ein und machte ihr klar, daß sie mit dieser Herumtändelei mit einem verheirateten Mann die Chance, die er ihr gegeben habe, verspielen könnte. Auf jeden Fall, so Hawks, solle sie sich nicht einbilden, daß Bogart sich nach dem Film weiter um sie kümmern werde.

So erinnert sich Lauren Bacall an Howard Hawks' Reaktion auf die sich anbahnende Beziehung zwischen seinen beiden Hauptdarstellern. In anderen Quellen ist es ganz anders zu lesen. Diesen zufolge soll Hawks darüber gar nicht unzufrieden gewesen sein, denn, wie er in einem Interview mit Joseph McBride sagte, verliebte Schauspieler seien leichter zu führen, außerdem habe ihm Bogart dank seiner Bereitschaft, Betty, wo es nur ging, zu unterstützen, viel Arbeit abgenommen.

Es ist aber durchaus möglich, daß Hawks nicht nur die arbeitstechnischen Vorteile dieser Liaison sah, sondern nebenbei auch ganz emotional darauf reagiert hat, daß er in langer, intensiver Arbeit ein Schauspieler-Geschöpf geschaffen hatte, das ihm nun ein anderer gleich wieder wegnahm.

Betty, die die unbeschwerte Zusammenarbeit mit dem Mann, in den sie sich verliebt hatte, untertags im Studio in vollen Zügen genoß, kehrte abends immer brav zurück nach Hause zu ihrer Mutter. Sie hatte nie die Neigung verspürt, zum Party-Girl zu werden.

Doch auch das Zusammenleben mit ihrer Mutter war nicht mehr so harmonisch, wie sie es aus den New Yorker Tagen gewohnt war. Mutter Bacal sah Bettys Beziehung zu einem verheirateten Mann voller Ablehnung. Sie appellierte an Bettys Verstand, doch vergeblich.

Es kam immer häufiger vor, daß Bogie sie mitten in der Nacht anrief. Er hatte dann meist getrunken und kam mit seiner Lage ein-

›To Have and Have Not‹

fach nicht mehr zurecht. Betty tat daraufhin meist, worum er sie bat: Sie zog sich an und fuhr mit ihrem Wagen zu einem vereinbarten Treffpunkt, wo sie sich stundenlang mit Bogie unterhielt. Auch die Vorhaltungen ihrer Mutter konnten sie daran nicht hindern.

Als die Dreharbeiten zu *To Have and Have Not* beendet waren, wurde es für die beiden viel schwieriger, einander zu sehen. Bogie begann ihr sehnsüchtige Briefe zu schreiben.

Nach und nach gab auch ihre Mutter ihren Widerstand auf und ging sogar so weit, taktvoll das Feld zu räumen, wenn Bogie Betty zu Hause besuchte, was nur sehr selten vorkam.

Wenn sie sich treffen wollten, dann ging das am ungestörtesten auf Bogarts Yacht »Sluggy«, die im Yachthafen vor Anker lag.

Eines Tages kam Mayo Method der Verdacht, daß Bogie sich dort mit Betty aufhalten könnte; schließlich war ihr nicht entgangen, daß sich zwischen den beiden etwas angesponnen hatte – trotz aller Vorsicht. Betty war tatsächlich auf dem Boot, sie konnte sich gerade noch rechtzeitig verstecken, und der Angstschweiß brach ihr aus, bis Mayo nach einer halben Stunde endlich verschwand.

Auf dem Schiff konnten die beiden ansonsten ungestört von einer gemeinsamen Zukunft träumen, und Betty glaubte fest daran, daß ihre Träume wahr werden würden.

To Have and Have Not war inzwischen in den Kinos angelaufen und hatte ungeheuren Erfolg. Publikum und Presse waren von dem neuen Star gleichermaßen begeistert. Doch der neue Star konnte sich an seinem Riesenerfolg nicht recht freuen, denn er zitterte um seine Liebe. Bogart rief Betty eines Tages an und erzählte ihr, daß Mayo ihm versprochen habe, mit dem Trinken aufzuhören und daß sie ihm von nun an eine bessere Frau sein wolle. Er fühle sich verpflichtet, mit ihr noch einmal über alles zu sprechen. Dann unternahm er mit seiner Frau einen zweitägigen Segeltörn. Betty blieb verzweifelt zurück, machte ihm aber keine Vorhaltungen. Sie zeigte ihm, daß sie Verständnis für seine Lage hatte.

Kaum war Bogart wieder von seiner Spritztour zurück, verabredete er sich mit Betty, um ihr zu erklären, wie sehr er sie brauche, doch sein Gewissen quälte ihn weiterhin.

Noch einmal gab er Mayo eine Chance. Er erklärte Betty, daß sie sich nicht mehr sehen könnten, daß er noch mal versuchen wolle, seine Ehe weiterzuführen. Er könne einfach nicht anders. Wieder machte Betty ihm keine Vorwürfe.

Sie sahen sich diesmal wochenlang nicht, aber immerhin erfuhr sie, daß er zugesagt hatte, die Hauptrolle in *The Big Sleep* (Tote schla-

fen fest) zu spielen, und spätestens dann würden sie einander wieder täglich sehen. Betty war einfach fest davon überzeugt, daß Bogart sich irgendwann endgültig für sie entscheiden würde.

Woher sie gerade damals, als alles so schlecht für sie aussah, diesen festen Glauben nahm, ist ein Rätsel.

Einige Wochen herrschte zwischen Bogart und seiner Frau Harmonie. Da er in dieser Zeit keinen Film drehte, also auch nicht ins Studio mußte, verbrachte er viel Zeit zu Hause, kümmerte sich um seine Frau und um den Garten. Doch Mayo schaffte es nicht lange ohne Alkohol, genaugenommen war sie auch schon längst ein Fall für eine Entziehungskur. Mit starkem Willen allein war sie nicht zu kurieren, sie mußte also an ihren Vorsätzen scheitern.

Kaum trank sie wieder, kam es erneut zu den bösen Auseinandersetzungen, für die die beiden berüchtigt waren. Doch Bogart mochte sich nicht mehr an ihnen beteiligen. Immer häufiger ließ er seine Frau nun allein toben – ein Zeichen dafür, daß er resigniert hatte, und zwar endgültig.

Bogart und Bacall sahen sich wieder regelmäßig, und Betty war klug genug, Bogart keine Zusagen abzuringen, ihn zu nichts zu verpflichten. Sie ließ ihn einfach spüren, daß er, egal, was komme, immer auf sie zählen könne.

Im Oktober 1944 begannen die Dreharbeiten zu *The Big Sleep,* und nun konnten sie sich wieder täglich sehen.

Jetzt, wo für Bogart immer klarer wurde, daß er sich von Mayo trennen würde, um Betty heiraten zu können, kämpfte er auch stärker denn je mit seinen Selbstzweifeln wegen des großen Altersunterschieds, der zwischen ihnen bestand. Offenbar hat er nicht eine Sekunde lang geargwöhnt, daß diese junge Frau ihn aus reinem Ehrgeiz wollen könnte, daß ihr nur an ihm liege, weil er ein großer Star sei, der ihr bei ihrem Aufstieg in Hollywood eine große Hilfe sein könne. Betty Bacall war über diesen Verdacht offensichtlich völlig erhaben, denn nicht einmal die bösen Zungen in Hollywood brachten solche Gerüchte in Umlauf.

Überhaupt hielten sich die professionellen Klatschmäuler bei Bogart und Bacall sehr zurück. Bogart hatte das sicherlich nicht zuletzt seinem ausgezeichneten Verhältnis zur Presse zu verdanken. Hinzu kam aber auch, daß es in Hollywood ein ungeschriebenes Gesetz gab, dem zufolge über persönliche Beziehungen, die während irgendwelcher Dreharbeiten entstanden, nicht geschrieben werden durfte. Die Studiobosse waren damals mächtig genug, für die Einhaltung dieses Gesetzes zu sorgen. Denn wer sich nicht daran hielt, konnte damit rechnen, in Zukunft von allen Informationen aus den Studios abgeschnitten zu werden.

Bogie lebte inzwischen nicht mehr bei seiner Frau – er war drei

Humphrey Bogart und Betty besuchen Ida Lupino bei Dreharbeiten

Wochen nach Beginn der Dreharbeiten in das Beverly Hills Hotel
gezogen –, hatte sich aber noch nicht endgültig zur Scheidung entschlossen. Wenige Tage vor Weihnachten rief sie ihn an und zog
noch einmal sämtliche Register. Sie versprach Besserung, flehte,
weinte und drohte schließlich mit Selbstmord. Was sollte er tun?
Am nächsten Tag ging er zu Betty in die Garderobe und gestand
ihr, daß er zu Mayo zurückgekehrt sei. Der Arzt habe ihm gesagt,
daß sie krank sei, alkoholsüchtig und in einem miserablen körper-
lichen Zustand. Sie müsse in ein Krankenhaus. In einer solchen
Verfassung würde man nicht einmal einen Hund auf die Straße setzen. Betty, die gerade für den bevorstehenden Drehtag ge-
schminkt worden war, schluchzte los und hatte große Mühe, ihr

Make-up zu retten. Die anderen durften nichts merken, daran lag ihr viel.

In der Presse stand eine Menge über die Versöhnung der Bogarts zu lesen, was Betty kaum ertragen konnte. Dennoch: Auch in diesem Fall hatte sie Bogart nicht das Messer auf die Brust gesetzt. Sie wartete geduldig.

Was sie kaum für möglich gehalten hätte: Die Dreharbeiten machten ihr trotzdem weiterhin viel Spaß. Am 12. Januar 1945 war die Rohfassung des Films fertiggestellt, und als Hawks sie vorführte, waren alle Beteiligten von dem Ergebnis begeistert.

Die Versöhnung der Bogarts hatte nur wenige Tage gedauert, da entschloß sich Bogie, nun endgültig Schluß zu machen. Betty war überglücklich. Kurz nach dem Ende der Dreharbeiten reiste sie mit Bogie für längere Zeit nach Palm Springs, um sich zu erholen. Humphrey Bogart hat sich in dieser Zeit offensichtlich nicht nur erholt, er faßte dort auch einen sehr weitreichenden Entschluß.

Nach ihrem Urlaub blieb Betty nicht viel Zeit. Sie mußte nach New York, um dort vertragsgemäß für ihren neuen Film einige Werbeauftritte zu absolvieren.

Nachdem *To Have and Have Not* das Publikum so begeistert hatte, war es kein Wunder, daß sie am New Yorker Bahnhof eine riesige Menschenmenge empfing. Sie wurde dem Trubel souverän Herr und erfuhr erst von einem Journalisten, daß Bogart inzwischen seine Verlobung mit ihr offiziell bekanntgegeben hatte. Sie war verblüfft, denn sie wußte zu diesem Zeitpunkt noch nichts von einer offiziellen Verlobung.

Doch nun war noch einmal Geduld nötig, denn vor der Heirat mit Betty mußte Bogie Mayo noch dazu überreden, daß sie freiwillig in die Scheidung einwilligte, und dafür war viel Fingerspitzengefühl notwendig. Mayo begann nämlich sofort mit der Verweigerung ihrer Einwilligung zu drohen, als sie erfuhr, welch enormes Aufsehen ihr Mann und die junge Rivalin in New York erregten und wie ungeniert sie sich zusammen in der Öffentlichkeit zeigten. Doch trotz ihrer rasenden Eifersucht und der Angst, mit dem Verlust Humphrey Bogarts als Frau und als Schauspielerin völlig ins Abseits zu geraten, hatte Mayo Method schließlich ein Einsehen: Am 10. Mai 1945 wurde die Scheidung ausgesprochen.

Damit stand den beiden nichts mehr im Weg. Bogart hatte sich bei seinem Freund, dem Schriftsteller Louis Bromfield, bereits erkundigt, ob es ihm recht sei, wenn sie auf dessen Farm in Mansfield/Ohio heirateten. Dieser richtete die Hochzeit mit Freuden aus.

Sie sollte am 21. Mai stattfinden, und zwar in aller Stille. Doch Jack Warner war nicht bereit, diese kostenlose Werbemöglichkeit ungenutzt verstreichen zu lassen. Die Presse ließ sich nicht zweimal bitten. Es wimmelte nur so von Photographen und schreibenden Journalisten. Aber das Brautpaar trug es mit Fassung. Nichts und niemand konnte an diesem Tag das große Glück der beiden schmälern. Die Zitterpartie war beendet, und Bogart meinte zur Krönung des Tages, daß er sich jetzt viel mehr verheiratet fühle als bei den ersten drei Malen. Er war es auch.

Nach drei Ehen, bei denen er nach der Einschätzung guter Freunde nur einmal wirklich aus Liebe geheiratet hatte, nämlich Mary Philips, hatte er endlich die Frau gefunden, die keine Wünsche mehr offenließ.

Bogie und Betty mit dem Kronstück ihrer Hochzeitstorte

The Big Sleep (Tote schlafen fest)

In der ersten Einstellung fährt die Kamera auf eine massive Haustür zu, wo ein mächtiges Türschild darüber Auskunft gibt, in wessen Haus sie führt: Sternwood. Eine Hand drückt auf den Klingelknopf. Wer klingelt, ist nicht zu sehen. Ein Butler öffnet, und der Besucher (Humphrey Bogart) stellt sich vor: »Mein Name ist Marlowe, General Sternwood wollte mich sprechen.« Der Besucher muß in der Eingangshalle warten, bis der Butler ihn angemeldet hat. Währenddessen kommt eine junge Frau die Treppe herunter, die sich dem Fremden gegenüber sehr kokett benimmt und sich ihm buchstäblich in die Arme wirft. Sie ist Carmen Sternwood, die jüngere Tochter des Generals. Der Butler läßt Marlowe zu General Sternwood vor, der im Rollstuhl sitzt. Er ist ein alter Mann, der sein Leben gelebt hat und nun als Krüppel nur noch andere für sich genießen lassen kann. Sternwood wird erpreßt und möchte, daß Marlowe dem Erpresser das Handwerk legt. Erpreßt wird Sternwood von einem Arthur Geiger, der dem General einen ganzen Stoß Schuldscheine zugeschickt hat, die Carmen beim Glücksspiel unterschrieben haben soll. Bei diesem Gespräch fällt auch der Name Sean Regan, der durch den gesamten Film geistert, ohne daß sein Träger je sichtbar werden würde. Regan, ein irischer Schmuggler, der für Sternwood wie ein Sohn war, war plötzlich verschwunden.

Auf dem Weg nach draußen wird Marlowe von dem Butler abgepaßt, der ihm erklärt, daß Mrs. Rutledge (Lauren Bacall), die ältere Tochter des Generals, gerne mit ihm sprechen würde. Er geht zu ihr, und der folgende Dialog läßt keinen Zweifel daran, daß die beiden sich nicht besonders mögen:

»Sie wollen mich sprechen?« tragt Marlowe.

Vivian Rutledge: »Sie sind Privatdetektiv? Ich wußte gar nicht, daß es welche gibt, außer in Kriminalromanen – schmutzige, kleine Männer, die in Hotels herumschnüffeln. Sehr attraktiv sehen Sie auch nicht aus.«

»Ich bin eben ein bißchen klein geraten. Das nächste Mal werd' ich auf Stelzen kommen, eine weiße Krawatte tragen und 'nen Tennisschläger unter'm Arm.«

»Ich bezweifle, ob es viel helfen würde. Glauben Sie, es wird Ihnen gelingen, den Auftrag für meinen Vater durchzuführen?«

»Das dürfte nicht schwer sein.«

Daß es zwischen den beiden prickelt, ist nicht zu übersehen: ›The Big Sleep‹
(Tote schlafen fest)

»Wirklich? Ich hab' gedacht, dieser Fall stellt große Anforderungen?«

»Hm. Halb so wild.«

»Was werden Sie als erstes unternehmen?«

»Das übliche wahrscheinlich.«

»Sie gehen also nach einem System vor?«

(Sehr ironisch) »Ja, selbstverständlich gehe ich systematisch vor. Das wird alles ganz genau beschrieben – sogar mit Zeichnungen – in einem Lehrbuch ›Wie werde ich Detektiv‹. Übrigens: Ihr Vater hat mir 'nen Drink angeboten.«

»Sie haben sicher auch ein Buch gelesen ›Wie wird man Komiker‹?«

»Ich hab' gerade was von einem Drink gesagt.«

»Ich hab' es ganz ernst gemeint, Mr. Marlowe.«

»Ihr Vater hat mir …«

»… Na gut, dann bedienen Sie sich.«

Das Gespräch wird in diesem Ton weitergeführt, und man spürt stark, daß Vivian Rutledge überhaupt nicht damit einverstanden ist, daß ihr Vater einen Detektiv engagiert hat. Sie wirkt unruhig und will offensichtlich den Detektiv, den sie so verächtlich behandelt, aushorchen. Marlowe geht nach seinem Besuch bei Sternwood in die Stadtbücherei und schmökert in einem alten Buch: »Berühmte Erstausgaben«. Danach geht er, mit dunkler Brille und hochgeschlagener Hutkrempe als schrulliger Gelehrter getarnt, in Geigers Buchhandlung. Dort verlangt er zwei alte Werke, die beide nicht auf Lager sind, wie ihm die Verkäuferin erklärt, die sich weder wie eine Verkäuferin benimmt noch wie eine aussieht. Marlowe will nach dieser abschlägigen Auskunft mit Geiger persönlich sprechen; der ist aber angeblich nicht da. Gerade in diesem Augenblick betritt ein alter Mann den Laden, und die Verkäuferin macht ihm ein Zeichen in Richtung einer Tür, die sie ihm dann auch noch per Knopfdruck öffnet. Der Mann verschwindet hinter der Tür, und als die Verkäuferin bemerkt, daß der vermeintliche Kunde alles ganz genau beobachtet hat, erklärt sie ihm nochmals mit schriller Stimme, daß Geiger nicht da sei.

Marlowe geht daraufhin in den Buchladen auf der anderen Straßenseite. Bei der Verkäuferin, die dort auf ihn zugeht, verlangt er nach den gleichen Ausgaben wie in Geigers Geschäft, doch hier stellt die Verkäuferin gleich fest, daß es eine der gewünschten Editionen gar nicht gibt. Er erzählt ihr, daß Geigers Angestellte das nicht gewußt habe, und bittet sie, ihn bei sich im Laden so lange warten zu lassen, bis Geiger auftauche. Die Buchhändlerin, die sich nicht nur für den Fall selbst, sondern offenkundig auch für dessen Bearbeiter interessiert, läßt ihn bei sich warten und verkürzt ihm die Zeit auf anscheinend recht angenehme Weise.

Als Geiger aus seinem Laden kommt und mit dem Wagen davonfährt, folgt Marlowe ihm zu einem einsam gelegenen, einstöckigen Haus. Er beobachtet, wie Geiger hineingeht. Vor dem Haus steht noch ein weiterer Wagen, der, wie er an der Zulassungskarte feststellen kann, Carmen Sternwood gehört. Da hört er Schüsse, die in dem Haus abgegeben wurden. Er rennt zum Haus, und kurz bevor er eintrifft, sieht er einen Mann aus dem Hinterausgang rennen und mit dem Wagen davonfahren.

Marlowe geht ins Haus, wo er Carmen Sternwood in beinahe wirrem Zustand auf einem Stuhl sitzend vorfindet. Sie weiß überhaupt nicht, was um sie herum vorgeht. Zu ihren Füßen liegt auf dem Boden die Leiche Geigers. Marlowe entdeckt auch das geöffnete Geheimfach in einer kleinen Statuette einer östlichen Gottheit. In diesem Geheimfach ist ein Photoapparat, der Film ist allerdings herausgenommen worden.

Marlowe bringt Carmen in deren Wagen nach Hause, wo ihn der Butler und Vivian Rutledge empfangen. Marlowe legt Carmen auf das Bett in Vivians Zimmer, wo es wieder zu einem Schlagabtausch zwischen den beiden kommt, bei dem man es förmlich knistern hört:

Vivian Rutledge: »Ist ihr ... wirklich nichts passiert?«

»Nein, morgen früh geht's ihr wieder besser«, antwortet Marlowe.

»Sind Sie daran (zeigt auf ihre Schwester) schuld?«

»Äh, an dem Zustand? Ja, natürlich. Das is' so'n kleiner Sonderdienst, den ich manchmal meinen Klienten zukommen lasse.«

»Werden Sie nicht wieder frech. (...) Wo haben Sie sie gefunden?«

»Ich hab' sie ...«

»Aber Sie ...«

»Ich war gar nicht hier. Sie haben mich nicht gesehen, und sie (zeigt auf Carmen) hat den ganzen Abend das Haus nicht verlassen.«

»Ist das so wichtig?«

»Hmm.«

Bogart und Martha Vickers in ›The Big Sleep‹

»Was ist wirklich passiert, Mister Marlowe?«

»Sie lieben Ihre Schwester, nicht wahr?«

»Ja, stimmt.«

»Und Sie würden alles für sie tun?«

»Alles.«

»Dann vergessen Sie besser die ganze Sache.«

»Ich möchte doch wissen, was passiert ist.«

»Nein, fragen Sie nicht.«

»Sie wird sich sowieso an nichts mehr erinnern.«

»Vielleicht hat sie sich heute abend mit Sean Regan getroffen.«

»Ah ... Hat sie Ihnen etwas über ihn erzählt?«

»Nein, nicht halb soviel, wie Sie mir eben verraten haben. (Packt sie an den Handgelenken und reißt sie an sich heran.) Keine Angst, um diese Zeit habe ich eigentlich was anderes vor.«

»Sie gehen zu weit, Mr. Marlowe.«

»Hm? So dürfen Sie eigentlich nicht mit einem Mann reden, der gerade aus Ihrem Schlafzimmer rausgeht. Gute Nacht, Mrs. Rutledge.« (Geht.)

Marlowe geht zu dem alten Haus zurück, wo sein Wagen noch steht. Als er sich dort noch einmal umsieht, stellt er fest, daß die Leiche Geigers verschwunden ist. Nur der große Blutfleck ist noch zu sehen. Er kehrt in sein Büro zurück, wo ihn Bernie, ein guter Freund, der bei der Mordkommission arbeitet, besucht, um ihm zu sagen, daß am Pier einer von Sternwoods Wagen im Wasser gefunden worden sei. Es sitze ein Mann darin. Marlowe vermutet zunächst, daß Regan der Insasse ist, und fährt deshalb mit Bernie zum Pier. Doch der Mann, der in dem mittlerweile geborgenen Wagen saß, ist nicht Regan, sondern Sternwoods Chauffeur Owen Taylor. Wie man später erfährt, hatte er Carmen heiraten wollen. Der Fall wird immer verworrener. Als Marlowe wieder in sein Büro kommt, wartet Vivian dort auf ihn:

»Guten Morgen«, begrüßt er sie.

»Sie sind schon auf? Ich habe gedacht, Sie würden im Bett arbeiten, wie Marcel Proust.«

»Wer 's 'n das?«

»Er ist ein französischer Schriftsteller.«

»Kommen Sie in mein Boudoir.« (Sperrt die Tür zu seinem Büro auf.)

»Sie haben einen fabelhaften Geschmack.« (Beißend ironisch, nachdem sie sich in seinem Büro umgesehen hat.)

»Mit meinem Job ist nicht viel zu verdienen, wenn man ehrlich ist.«

Nur wenn sie so friedlich schlummert, bereitet sie keinem Probleme: Martha Vickers. Neben ihr Lauren Bacall und Humphrey Bogart

»Sind Sie ehrlich?«

»Fangen Sie schon wieder an?«

»Nein, und es tut mir leid, wenn ich gestern abend unhöflich war.«

»Na – ich war auch nicht sehr fein. Kommen Sie wegen Owen Taylor zu mir?«

»Das wissen Sie schon? Armer Owen.«

»Ja. Ich war vergangene Nacht mit dem Distriktanwalt am Lido-Pier. Er wußte über Taylor allerhand. Zum Beispiel, daß er vorhatte, Ihre Schwester Carmen zu heiraten. Stimmt das?«

»Ja, das stimmt. Das war gar keine schlechte Idee. Er hat sie sehr geliebt, aber ich bin nicht wegen Owen Taylor hier. Wollen Sie mir nicht endlich sagen, womit Sie mein Vater beauftragt hat?«

»Da müßt' ich ihn erst mal fragen.«

»Handelt es sich vielleicht um meine Schwester Carmen?«

»Nein.«

»Sehen Sie sich das mal an. Das wurde mir heute früh von einem Boten gebracht.« (Gibt ihm einen Briefumschlag.)

»Acht Uhr fünfunddreißig.«

»Ja. Stimmt genau.«

»Hm, sehr photogen.« (Offenbar handelt es sich um eine ziemlich freizügige Aufnahme von Carmen Sternwood.)

»Sie wollen für das Negativ und die Abzüge fünftausend Dollar.«

»Woher wissen Sie das?«

»Eine Frau rief mich an, kurz nachdem der Bote weg war.«

»War noch was drin?«

»Glauben Sie, ich unterschlage etwas?«

»Das Bild hier ist doch keine fünftausend Dollar wert?!«

»Für die vielleicht doch.«

»Wieso?«

»Die Frau, die mich anrief, sagte, die Geschichte sei mit einem Kriminalfall verbunden. Und es wäre besser, ich würde zahlen, falls ich meine Schwester nicht hinter Gittern sehen wollte.«

»Was für'n Kriminalfall?«

»Das weiß ich nicht.«

»Wo wurde diese Aufnahme gemacht?«

»Ich habe nicht die geringste Ahnung.«

»Und wann?«

»Ich weiß nicht.«

Im weiteren Verlauf dieses Gesprächs sagt Marlowe ihr, daß er anfange, sich für sie zu interessieren – in lässigem Ton, so, als ginge es um irgendeinen Wagen, der ihm gefällt. Sie nimmt es gerne zur Kenntnis, und dennoch bleibt eine latente Gegnerschaft zwischen ihnen spürbar.

Marlowe macht sich noch einmal zu Geigers Buchladen auf. Dort kommt er gerade richtig, um sehen zu können, daß eben das Hinterzimmer ausgeräumt wird. Mit einer abenteuerlustigen Taxifahrerin folgt er dem Lieferwagen, der den Inhalt aus Geigers Lager birgt.

Sie gelangen an ein Haus namens Randall Arms, wo Marlowe auf Joe Brodys Türschild stößt. Danach fährt er wieder zu dem alten Haus, in dem Geiger ermordet wurde. Carmen Sternwood, die sich zunächst hinter einem Busch versteckt, kommt hervor und spricht mit ihm. Die beiden gehen ins Haus, wo Carmen ihm erklärt, daß Joe Brody Geiger umgebracht habe. Völlig unerwartet kommt ein Dritter dazu – es stellt sich heraus, daß er Eddie Mars heißt –, der von Marlowe genau wissen will, was er in seinem Haus suche. Mars war Geigers Vermieter, seine Frau soll mit Regan durchgebrannt sein. Das Gespräch zwischen Mars und Marlowe verläuft in einer sehr feindseligen Atmosphäre, doch zu einer richtigen Auseinandersetzung kommt es nicht.

Nach diesem Zusammentreffen mit Eddie Mars fährt Marlowe nach Hause, wo ihn Vivian Rutledge anruft, um ihm zu sagen, daß die Erpresserin sich nicht mehr gemeldet habe. Marlowe glaubt ihr nicht, er hat sie vielmehr im Verdacht, ihm ganz gezielt die Unwahrheit zu sagen. Er fährt zu Brodys Haus, denn nun, wo er von Carmen weiß, daß der Geigers Mörder ist, weiß er auch, daß nur er die fehlenden Negative aus der versteckten Kamera genommen haben kann. Marlowe wartet vor dem Haus, und prompt taucht Vivian dort auf.

Nachdem sie im Haus verschwunden ist, geht Marlowe hoch zu Brodys Apartment. Dort trifft er nicht nur Vivian an, sondern auch Agnes, die Verkäuferin aus Geigers Antiquariat, das natürlich nur ein Tarnunternehmen war.

Marlowe will Vivian unter allen Umständen davon abhalten, daß sie Brody und Agnes die Summe gibt, die die beiden für die Filmnegative verlangen. Da klingelt es an der Tür, und herein kommt Carmen, die ihre Photos haben will. Es gelingt Marlowe, die Photos an sich zu bringen. Carmen und Vivian schickt er nach Hause. Dann quetscht er Brody aus und erfährt so, daß Owen Taylor Geiger versehentlich erschossen habe. Es sei diesem nicht recht gewesen, wie Geiger mit Carmen umgegangen sei, deshalb habe er ihm mit vorgehaltener Waffe einen Besuch abgestattet. Dabei habe sich ungewollt ein Schuß gelöst, der Geiger getötet habe. Taylor sei geflohen, habe aber vorher die Negative aus der versteckten Kamera genommen. Er, Brody, der das Haus von draußen beobachtet habe, sei dem fliehenden Taylor gefolgt. Als Taylor angehalten habe, habe er, Brody, ihm die Photoplatte abgenommen, nachdem er ihm vorher eine drübergezogen habe.

Während Marlowe bei Brody ist, klingelt es an dessen Tür. Brody öffnet und wird durch die halboffene Tür erschossen. Tödlich getroffen sackt er zusammen, Marlowe folgt dem Täter und zwingt ihn zu sich in den Wagen. Die beiden fahren zu Geigers Haus, in dem plötzlich wieder Geigers Leiche liegt: auf dem Bett.

Marlowe ruft Bernie an und läßt ihn kommen, um ihm die Leiche Geigers zu zeigen. Er übergibt ihm auch Brodys Mörder, den er vorher außer Gefecht gesetzt und gefesselt hatte.

Danach trifft sich Marlowe mit Vivian in einem Club. Sie dankt ihm für seine Arbeit, gibt ihm einen Scheck, der angeblich von ihrem Vater stammt, und möchte unbedingt, daß er seine Nachforschungen nun einstellt. Man spürt, daß es für sie wichtig sein muß, daß Marlowe nicht weiter nachbohrt.

Während dieses Zusammentreffens der beiden kommt es zu der folgenden Szene:

Marlowe: »Wieso haben Sie diese Nahkampfdiele ausgewählt?« (Meint damit den Club, in dem sie gerade sitzen.)

Vivian (ironisch): »Vielleicht wollte ich mit Ihnen Händchen halten?!«

»Bitte sehr, bedienen Sie sich.« (Hält ihr seine geöffnete Hand hin, in die sie ihre Handschuhe hineinlegt, die sie gerade ausgezogen hat.)

Man könnte glauben, die beiden kämen sich im Laufe dieses Abends näher, doch Marlowe läßt sich nicht einwickeln. Er durchschaut genau, daß sie in irgend jemandes Auftrag mit ihm Süßholz raspelt. Er ruft Eddie Mars an und vereinbart mit ihm ein Treffen in dessen Club. Marlowe möchte von Mars einige Auskünfte über Regan. Mars reagiert sehr abweisend und versucht, Marlowes Nachforschungen zu blockieren. Ehe Marlowe geht, schaut er noch kurz bei Vivian vorbei, die am Spieltisch eine Menge Geld gewinnt. Er will sie nach Hause fahren. Er geht zum Parkplatz voraus. Vivian soll nachkommen.

Als sie das Haus verläßt, ist plötzlich einer von Eddie Mars' Männern da, der vorgibt, Vivian das gewonnene Geld abjagen zu wollen. Marlowe, der mit so was offenbar gerechnet hat, nimmt dem Mann die Pistole ab.

Vivian kommentiert Marlowes Heldentat schnippisch: »Danke. Sie sind jetzt zu meiner Leibgarde avanciert. Wollen wir jetzt gehen?«

Marlowe: »Warum zittern Sie? Erzählen Sie mir ja nicht, sie hätten Angst gehabt. Das glaube ich Ihnen nämlich nicht.«

Vivian: »Ich bin es nicht gewohnt, überfallen zu werden. Lassen Sie mir etwas Zeit.«

»Überfallen? Ach – 'n Überfall war das?!«

»Was dachten Sie denn?«

Während der Fahrt zu Vivians Haus:

Marlowe: »Was ist los? Sie zittern ja noch immer. Sie haben doch nicht etwa Angst um mich gehabt? Oder doch? Seit wann machen Sie sich Sorgen um mich?« (Hält an.)

»Was ist? Warum stoppen Sie?«

»Ich möchte gern was klären. Sagen Sie (beugt sich zu ihr hinüber), wieso hat Eddie Mars sie in der Hand?«

»Wenn es wirklich so wäre, was kümmert Sie das? Soviel ich weiß, haben Sie Ihr Honorar schon bekommen.«

»Ja – von Ihnen.«

»Wollen Sie etwa noch mehr Geld?«

»Sie haben das Recht, so zu fragen. Aber im Moment interessiert mich Geld weniger. Deshalb bin ich jedenfalls nicht hier. Ich habe einen anderen Grund.«

»Sie mögen meinen Vater, nicht wahr?«

»Mhm.«

»Warum hören Sie dann nicht auf?«

»Ich habe Ihnen doch mal gesagt, ich mag ein Mitglied der Familie Sternwood besonders.«

»Das müssen Sie erst mal beweisen.«

»Nichts einfacher als das.« (Küßt sie.)

»Das war sehr schön. Noch mal.« (Marlowe küßt sie noch einmal.)

»Das war sogar noch besser.«

»Wieso – es war sehr schön, dich zu küssen«: ›The Big Sleep‹

»Danke, das wär' also erledigt. Wieso hat dich Eddie Mars in der Hand?«

»Du bist ein Schuft.«

»Wieso – es war sehr schön, dich zu küssen. Ich würde es gerne noch öfter tun. Aber erst muß ich rausbekommen, was zwischen dir und Eddie ist.«

»Hör endlich damit auf.«

»Ich werde dich so lange fragen, bis ich's weiß. Hör zu, Engelchen. Ich habe heute nachmittag Eddie Mars angerufen und ihm gesagt, ich werde ihn abends besuchen. Als ich hinkam, warst du auch dort, und ihr beide habt vor mir mit dem Roulettespiel eine Show abgezogen, um zu beweisen, daß zwischen euch nichts ist. Du zitterst ja wieder ...«

»Bring mich nach Hause.«

»Klar, mach' ich. Aber erst öffnest du deine Tasche. Wenn achtundzwanzig Riesen (die Summe, die sie scheinbar beim Roulette in Eddie Mars' Club gewonnen hat) drin sind, nehm' ich alles zurück. Also los, mach die Tasche auf und beweis mir, daß ich unter Verfolgungswahn leide.«

»Bring mich nach Hause.« (Öffnet ihre Tasche nicht.)

»Okay. Von jetzt an brauchst du nicht mehr mit mir zu rechnen. Du mußt schon auf dich selbst aufpassen.« Sie fahren weiter.

Am nächsten Tag erklärt Bernie Marlowe, daß der Distriktstaatsanwalt auf Vivians Veranlassung alle weiteren Nachforschungen im Fall Sternwood verboten hat. Marlowe macht trotzdem weiter.

Aus einer Bar ruft er Vivian an, die ihn sprechen will, um ihm zu sagen, daß Regan gefunden worden sei; er sei in Mexiko. Sie wolle sofort zu ihm fahren, weil er einen Unfall gehabt habe. Marlowe mißtraut ihr. Als er nach dem Telefongespräch mit ihr die Bar verläßt, fällt ihm ein Wagen auf. Er steigt in den Wagen ein, um nachzusehen, auf wen er zugelassen ist: auf einen Harry Jones. Dann geht Marlowe weiter. Schon nach wenigen Metern fangen ihn zwei Männer ab, die ihn böse zusammenschlagen und ihm drohen, daß sie ihn umbringen würden, wenn er mit seiner Schnüffelei nicht aufhöre. Sie lassen ihn in einer Einfahrt liegen und machen sich davon. Da kommt ein Mann auf Marlowe zu, der sich als Harry Jones vorstellt und ihm wieder auf die Beine hilft.

Jones will ihm für zweihundert Dollar Informationen über Regan und Eddie Mars' Frau verkaufen. Die Geldübergabe soll im Hinterzimmer des Büros eines Mr. Wallgreen eine Stunde später erfolgen, und Marlowe ist pünktlich dort.

Er belauscht ein Gespräch zwischen Jones und einem von Mars'
Männern. Der Mann, es ist Canino, bringt aus Jones heraus, wer
die Informationen hat (es ist Agnes, Geigers Angestellte), und
vergiftet ihn dann. Jones hat Canino falsche Angaben gemacht,
wie Marlowe durch einen Anruf herauskriegt.

Agnes ruft in Wallgreens Büro an und vereinbart mit Marlowe
einen Treffpunkt. Dort erzählt sie ihm für zweihundert Dollar, daß
Eddie Mars' Frau zehn Meilen östlich von Realito versteckt sei.

Marlowe fährt dorthin. Kurz vor dem Ziel inszeniert er eine
Panne. Er geht zum nächsten Haus, in dem sich auch eine Werkstatt befindet. In der Scheune trifft er außer dem Besitzer der
Werkstatt auch Canino. Er erkennt ihn sofort an seiner Stimme
wieder, denn bei Wallgreen hatte er nur dessen Schatten gesehen.
Marlowe bekommt von Canino einen wuchtigen Kinnhaken, von
dem er ohnmächtig wird. Er wird ins Wohnhaus gebracht, wo nicht
nur Mrs. Mars ist, sondern auch Vivian.

Marlowe vergrault Mrs. Mars, die nicht unfreiwillig in ihrem Ver-
steck ist, indem er ihr erklärt, daß ihr Mann ein skrupelloser Verbrecher sei. Er ist nun mit Vivian allein, und die beiden einigen
sich schnell darauf, daß sie von nun an an einem Strang ziehen. Sie
befreit ihn von seinen Fesseln, nur die Handschellen, zu denen Canino den Schlüssel hat, bleiben dran.

Inzwischen kommen Mars' Leute zurück, die beim Telefonieren
waren, um von ihrem Chef zu erfragen, was sie mit Marlowe machen sollen. Marlowe vereinbart mit Vivian, daß sie, während er
nach draußen gehe, bis zwanzig zählen und dann so laut schreien
solle, wie sie könne.

Kaum steigen die beiden Gangster aus dem Wagen, hören sie Vivians gellenden Schrei. Sie stürzen ins Haus, und genau in diesem
Moment läuft Marlowe zu seinem Wagen und holt eine Waffe heraus. Um die Ganoven zu täuschen, schießt er in eine falsche Richtung, womit er schon mal einen von ihnen, der in die entspre-
chende Richtung läuft, los ist. Jetzt hat er es nur noch mit Canino
zu tun, der sich Vivian zur Deckung nimmt. Die täuscht ihn, indem
sie auf ein Phantom zeigt, auf das Canino so oft schießt, bis sein
Magazin leer ist. Marlowe erschießt ihn, dann fährt er mit Vivian
zu Geigers Haus. Von dort aus ruft er Mars an, gibt aber vor, noch
in Realito zu sein. Er bestellt Mars in Geigers Haus, das ja Mars gehört, und verspricht ihm, selbst so schnell wie möglich dorthin zu
kommen. Er beseitigt alle Hinweise darauf, daß er und Vivian ihn,
Mars, bereits erwarten. Mars wiederum, der bei seiner Ankunft

Am Ende machen sie doch gemeinsame Sache: Lauren Bacall und Humphrey Bogart in › The Big Sleep ‹

glaubt, daß Marlowe erst nach ihm eintreffen werde, verteilt seine Leute rund ums Haus, dann geht er hinein.

Marlowe, der ihn bereits erwartet, hält ihn mit seinem Revolver in Schach. Nun erfährt er, daß Carmen Sternwood Regan umgebracht hat. Die hat ihn nämlich geliebt, doch hat Regan, der Mars' Frau liebte, sie abgewiesen. Deshalb tötete sie ihn. Mars, der das wußte, hat Vivian mit diesem Wissen erpreßt.

Marlowe arrangiert nun alles so, daß Mars im Kugelhagel seiner eigenen Leute stirbt, die glauben, auf Marlowe zu schießen. Danach ruft Marlowe Bernie an und bestellt ihn zu Geigers Haus. Um Carmen zu decken, wird er ihm eine leicht frisierte Version der ganzen Geschichte erzählen. Nun steht dem Happy-End für Vivian und Marlowe nichts mehr im Weg.

Es gibt kaum einen *Film noir,* dessen Plot so unübersichtlich ist wie der von *The Big Sleep* – höchstens *Out of the Past* (Goldenes Gift) kann da noch mithalten. Doch trotz der zahlreichen Nebenstränge ist die gesamte Handlung auf die zunächst sehr ambivalente Beziehung zwischen Marlowe und Vivian zugeschnitten. Die Dialoge zwischen den beiden sind sehr temporeich und pointiert. Von beiden Seiten werden sie – zumindest bis zu der gemeinsamen Heimfahrt aus Mars' Club – überaus ironisch geführt, wodurch beide in ihrer Persönlichkeit souverän genug wirken, um sich nicht in die übliche, oft öde Hollywood-Liebe hineinzuschaukeln.

Das Muster dieser Dialoge ist bekannt, es läuft auf eine intelligentere Form der Zähmung *zweier* Widerspenstiger hinaus, und vor Lauren Bacall hatte gelegentlich schon Katharine Hepburn den Frauentypus verkörpert, der für solche Filmkonstellationen nötig ist. Lauren Bacall und Katharine Hepburn hatten hier in ihrer ei-

Vor dem Show-down in Eddie Mars' Haus: ›The Big Sleep‹

genständigen Ausstrahlung eine wichtige Gemeinsamkeit. Für beide war Eigenständigkeit, so wie sie sie darstellten, nicht einfach nur die von Frau zu Frau weitergegebene taktische Schlauheit des sich schrittweisen Öffnens und wieder Entziehens, vielmehr bestand sie in der Fähigkeit, immer ganz offen das zu sagen und zu machen, wonach ihnen gerade zumute war. Daß dabei immer eine letzte Reserve bestehen blieb, war für die kühle Aura zwingend. Sonst hätte gerade in *Tote schlafen fest* der Eindruck nicht vermieden werden können, daß Vivian eine junge Frau ist, die nach ihrer ersten, gescheiterten Ehe sobald wie möglich wieder unter die Haube kommen möchte, um emotional versorgt zu sein.

The Big Sleep war der zweite Film, den Bogie und Betty zusammen machten, sieht man von dem kurzen, mehr als Gag gedachten Auftritt der beiden in *Two Guys from Milwaukee* ab.

Das Drehbuch, das nach Raymond Chandlers Vorlage entstand, war so verworren, daß fast sämtliche Mitwirkenden während der Dreharbeiten von einer Verwirrung in die nächste stolperten. Was wunder, daß Lauren Bacall, die sich eigentlich gut auskennen müßte, den Inhalt in ihren Memoiren zum Teil falsch wiedergibt. Unter Hawks' Regie wurde einfach eine Szene nach der anderen abgedreht, in der Hoffnung, daß sich am Ende eine einigermaßen schlüssige Handlung herausdestillieren ließe.

Dennoch boten die gelungenen Dialoge der Drehbuchautoren William Faulkner, Leigh Brackett und Jules Furthman den Schauspielern eine gute Arbeitsgrundlage. Allerdings spürt der Zuschauer an einigen Stellen deutlich, daß auch die Drehbuchautoren gelegentlich nicht mehr wußten, wie es weitergehen würde, wie man die vielen Handlungsstränge glaubhaft ineinanderweben sollte. Sie waren deshalb gezwungen, die Handlung auf weniger Personen zu verdichten. Besonders gut zu sehen ist das an der Figur des Chauffeurs von Rutledge, Regan, dessen Verschwinden der eigentliche Aufhänger für Marlowes Nachforschungen ist. Er bleibt während des ganzen Films nur ein Name, und als zu viele Namen ins Spiel kommen, wird der seine einfach eine ganze Zeit lang nicht mehr erwähnt.

Die Kritiker reagierten damals entsprechend irritiert. Bosley Crowther schrieb in der *New York Times:* »In dieser gewundenen, verworrenen Geschichte geschehen so viele rätselhafte Dinge, daß einem ganz schwindelig wird. (…) Humphrey Bogart bewältigt all das auf seine ungerührte, lakonische Art. (…) Miß Bacall wirkt gefährlich, doch hat sie ihr Handwerk immer noch nicht gelernt.«

Bei den meisten anderen Kritikern kam *The Big Sleep* entschieden besser weg. Howard Barnes schrieb in der *Herald Tribune,* daß dieser Film ein gehobenes Stück für Kenner sei. Betty Bacalls Auftritt erwähnt er lobend, außerdem schwärmt er von den spritzigen Dialogen.

Eine Inhaltsangabe des Films wagte kaum einer der Rezensenten, und das zu Recht.

Filmkennern gilt *The Big Sleep* als die präziseste Darstellung der Figur Marlowe, die, die Chandlers Vorgaben am meisten entspricht.

Terence Pettigrew ist der Ansicht, daß sich *The Big Sleep* mindestens so stark an Chandler wie an *To Have and Have Not* orientiert. Vor allem die Charakterisierung der Hauptfiguren ist nahezu austauschbar. Betty Bacall ist in beiden Filmen die schwer Durchschaubare, Bogart der scheinbar Abgebrühte, der immer wieder Gefühlsregungen durchschimmern läßt. Bacall trägt in keinem der beiden Filme wesentlich zur Entwicklung der Handlung bei, sie lebt davon, daß die Szenen mit ihr und Bogart glänzend arrangiert und trotz der zahlreichen Morde in *The Big Sleep* die Höhepunkte des Films sind.

Als Bogie eines seiner Wochenenden auf seinem Schiff verbrachte, wurde er von einem Mann auf dem Nachbarboot gefragt:
»He, was ist denn aus dem Chauffeur geworden?«
»Wenn ich das nur wüßte«, war Bogies Antwort.
Doch trotz der komplizierten Handlungsbezüge wurde der Film ein großer Erfolg. Denn viel wichtiger als die in sich schlüssigen Verbindungen – die meisten sind es im übrigen – sind in *The Big Sleep* die düstere, atmosphärische Dichte und die knisternde Beziehung zwischen Bogie und Betty.

Die Hawksschen Frauen

Wäre nicht Howard Hawks Bettys Entdecker gewesen, ihr Image wäre mit absoluter Sicherheit ein anderes geworden. Man darf sich sogar fragen, ob sie ohne ihn und seine Frau »Slim«, die Hawks ja auf das Fräulein in *Harper's Bazaar* aufmerksam gemacht hatte, in Hollywood je ein großer Name geworden wäre.

Betty ihrerseits hätte bei Hawks nicht die geringsten Chancen gehabt, wenn sie nicht von vornherein wenigstens zum größten Teil dem Frauentyp entsprochen hätte, den er in seinen Filmen besonders gerne einsetzte. Dieser Frauentyp läßt sich nicht durch die äußere Erscheinung definieren, vielmehr hängt er ausschließlich von der Ausstrahlung der Damen ab. Am besten läßt sich das durch die Schauspielerinnen nachweisen, mit denen er in den dreißiger und vierziger Jahren gearbeitet hat. Das sind: Katharine Hepburn, Barbara Stanwyck, Frances Farmer, Rosalind Russell, Carole Lombard. Würde man lediglich die Optik berücksichtigen, so würde man zwischen all diesen Schauspielerinnen nur wenige Ähnlichkeiten feststellen können. Eines dagegen haben sie alle gemeinsam: Sie haben durch ihr Auftreten – dazu gehören Größe, Stimme, Temperament und Mimik – das Potential, Männer zum Wackeln zu bringen, sie in ihrem Selbstverständnis wenigstens zu erschüttern, sie können sie sogar ernsthaft in Frage stellen.

Dazu muß man sagen, daß man die Hawksschen Frauen ihrer filmischen Wirkung nach in den dreißiger und vierziger Jahren grob in zwei Gruppen einteilen kann: seine Komödien-Darstellerinnen, die die Männlichkeit an sich bedrohen, weil sie sie ins Lächerliche ziehen, und die Darstellerinnen aus seinen Abenteuerfilmen, die oft eine Gefahr für die existierende Gruppensolidarität sind. Natürlich gibt es auch bei Hawks die schönen Standardfrauen, aber die interessieren hier weniger, denn Lauren Bacall wurde aufgrund des spezifischen Frauenbilds von Hawks ein Star, nicht dank der Studios in Hollywood, die sie höchstens als ansehnliches Starlet eingesetzt hätten, nicht aber wie ihr Entdecker als TYP.

Die besten Beispiele für Hawks-Filme, in denen die Hauptdarstellerinnen nicht automatisch beim Anblick eines Mannes zum Weibchen werden, sind *Bringing Up Baby* (Leoparden küßt man nicht, 1938), *His Girl Friday* (Sein Mädchen für besondere Fälle, 1940), *Ball of Fire* (Die merkwürdige Zähmung der Gangsterbraut Sugarpuss, 1941).

Lauren Bacall gehört weder zu den Komödiantinnen noch zu denen, die eine eingeschworene Männergruppe durcheinanderbringen.

Nicht, daß ihr das nicht gelungen wäre, aber sie hatte es in ihren beiden Hawks-Filmen mit einem Hauptdarsteller zu tun, der weder dem Drehbuch noch seinem Leinwand-Image nach in Frage zu stellen war. Bogart war in beiden Fällen der souveräne Einzelgänger, so daß es auch nicht Bettys Rolle sein konnte, in eine Männergruppe einzudringen. Hinzu kommt, daß sie mit Hawks zwei Krimis drehte, und dieses Genre arbeitet mit ganz anderen Mitteln als Komödien oder Abenteuerfilme. So kann man sie nur bedingt einem der beiden hervorstechenden weiblichen Haupttypen bei Hawks zuordnen. Sie gehört auf jeden Fall zu jenen, die ihre Entscheidungen selbst treffen und sich kaum von äußeren Einflüssen beherrschen lassen. Diese Frauen finden sich bei Hawks in allen Film-Genres.

Betty verkörpert in ihren ersten beiden Filmen mit Bogart den Typ der innerlich unabhängigen Frau. Sie ist schlagfertig und nicht im geringsten kokett. Natürlich ist das zuallererst den Dialogen zuzuschreiben, doch verleiht sie mit ihrem Verhalten all dem, was sie sagt, Nachdruck.

Ohne Hawks' Förderung, ohne seine genauen Anweisungen vor Beginn der Dreharbeiten zu *To Have and Have Not* hätte Betty diese Rolle nie übernehmen können. Sie verkörpert sie mehr, als daß sie sie spielt. Denn, das hat auch Hawks nicht geschafft, eine gute Filmschauspielerin ist aus ihr nie geworden. Aber er hat ihr die Drehbücher gegeben, mit der sie trotz ihrer geringen Begabung für Aufsehen sorgen konnte. Den beiden anderen Filmen, die sie mit Bogart zusammen gedreht hat, ist deutlich anzumerken, wie abhängig sie als Schauspielerin davon war, daß sie einen nicht alltäglichen Frauentyp spielen konnte.

In *Dark Passage* ist sie als die bedingungslos Liebende nicht besonders beeindruckend, entsprechend wenig kommt die Bogart-Bacall-Chemie zur Wirkung, mit der Hawks so glänzend umgehen konnte. In *Key Largo* (Hafen des Lasters) ist es kaum anders. Sie ist durchschnittlich, weil das Drehbuch durchschnittlich ist. Ihre schauspielerischen Mittel genügen nicht, um aus der konventionellen Frauenrolle, die sie hier hat, mehr zu machen.

Hawks' Bild von der starken, selbstbewußten Frau, die trotz ihrer Unabhängigkeit nicht kalt und abstoßend wirkt, war Bettys Glück. Sie hat deswegen nicht nur gleich in ihrem ersten Film eine Haupt-

Hawks gab seinen Schauspielern für jede Szene detaillierte Anweisungen. Hier bei einer Besprechung mit Sonia Darrin, Margaret Cunningham (Hawks' Sekretärin), Lauren Bacall, Humphrey Bogart und Louis Jean Heydt

rolle gespielt, sie hat sich auch durch diesen ersten Film – sicher auch noch durch *The Big Sleep* – einen Ruf erworben, den sie sich bis heute erhalten hat. Sicher, sie hatte mit *How to Marry a Millionaire* (Wie angelt man sich einen Millionär?) später noch einmal einen großen Filmerfolg. Aber der war nicht *ihr* Erfolg, den mußte sie mit drei anderen Frauen teilen. Wenn man heute an Betty – oder Lauren – Bacall denkt, dann denkt man automatisch an die beiden Filme, die sie unter der Regie von Howard Hawks gemacht hat, weil sie eben nur als Hawkssche Frau bemerkenswert war.

Trautes Heim

Nach diesem kurzen Exkurs zurück zu den Bogarts.

Die Frischvermählten hatten keine Zeit für Flitterwochen. Das Studio rief.

Lauren Bacall erzählt in ihren Memoiren, daß ihr erst nach ihrer Rückkehr nach Hollywood klar war, daß sie nun verheiratet war, daß sie nie mehr bei ihrer Mutter wohnen würde, daß sie nun ganz einfach eine erwachsene Frau war.

Doch so ganz erwachsen mußte sie nicht von heute auf morgen werden, nur weil sie jetzt verheiratet war. Vielmehr war es eine wichtige Grundlage für den Erfolg ihrer Ehe, daß sie in Humphrey Bogart rückhaltlos die höhere, ja väterliche Autorität anerkannte. Sie war so restlos glücklich, nun endlich, nachdem sie so lange hatte zittern müssen, Mrs. Bogart zu sein, daß sie gar nicht das Bedürfnis hatte, groß ihre Eigenständigkeit hervorzukehren.

Die beiden gingen bald nach ihrer Rückkehr in die Warner-Studios, um sich dort allen Bekannten als Mann und Frau zu zeigen. Alle gratulierten ihnen, außer – Howard Hawks.

Die beiden hatten keineswegs vor, eines der vielen Glitzerpaare Hollywoods zu werden, sie wollten einfach ein ruhiges, harmonisches Leben führen, in dem sie so viel Zeit miteinander verbringen wollten, wie möglich war.

Das Erstaunliche daran ist, daß auch Betty, die gerade zwanzig war und in ihrem Leben noch nicht allzuviel erlebt hatte, mit dieser Solidität völlig einverstanden war und nie nach Abenteuern suchte, was Bogart vor der Ehe befürchtet hatte.

Die Bogarts wohnten zunächst noch im Garden of Allah. Von dort aus starteten sie schon bald nach der Hochzeit in ihren Ehealltag. Für Betty begannen die Dreharbeiten zu *Confidential Agent* (Geheimagent), in dem sie mit dem umschwärmten Charles Boyer vor der Kamera stand.

Bogart drehte *The Two Mrs Carrolls* (Die zwei Mrs. Carolls), in dem Barbara Stanwyck die weibliche Hauptrolle spielte. Beide Filme waren ganz einfach schlecht.

Betty hatte bei den Dreharbeiten zu *Confidential Agent* von Anfang an große Probleme. Sie war es von Hawks und Bogart gewöhnt, immer genaue Anweisungen und Ratschläge zu bekommen, doch Regisseur Herman Shumlin ließ sie völlig im Stich. Sie war entsprechend verunsichert und wußte oft überhaupt nicht, wie sie sich in den einzelnen Einstellungen verhalten sollte. Sie versuchte, an Shumlin heranzukommen, signalisierte ihm, daß sie seine Hilfe brauche, doch ging der überhaupt nicht darauf ein und überließ sie weiterhin sich selbst. Natürlich mußte der Film unter diesen Umständen eine Katastrophe werden, aber das lag nicht nur an Betty, sondern auch an dem nicht besonders guten Drehbuch. Betty hatte wegen dieses Films zu Recht eine Riesenwut auf Jack Warner, der sie offensichtlich ohne die geringste Rücksicht darauf, daß er seinen neuen Star mit einem solchen Streifen schnell kaputtmachen würde, mit Boyer und Shumlin zusammengespannt hatte. Warner war dafür berüchtigt, daß es ihm nur darum ging, einen Namen, solange er »heiß« war, so oft wie möglich auf Warner-Besetzungslisten zu bringen. War der Ruf des Stars dann ruiniert und das Publikumsinteresse an ihm erloschen, dann ließ auch Warner ihn meist fallen. Obwohl dieser Film nach *The Big Sleep* entstanden war, kam er noch davor in die Kinos. Die gleichen Kritiker, die sie für ihre Leistung in *To Have and Have Not* in den Himmel gehoben hatten, schrieben ohne zu zögern, daß ihr Erstling offenbar eine Eintagsfliege gewesen sei, denn nach diesem Film könne nicht mehr von schauspielerischem Talent die Rede sein.

Daß Bogie für seinen Film längst nicht so böse Kritiken hinnehmen mußte wie seine Frau, zeigt, wie wenig man sich in Hollywood an die wirklich Großen heranwagte. *The Two Mrs Carrolls* ist durch und durch verunglückt. Die beiden Hauptdarsteller liegen völlig daneben, und das einzige, was man ihrem Spiel glaubhaft entnimmt, ist, daß dieser Film besser nicht gedreht worden wäre. Doch das einem Bogart zu sagen bzw. der Öffentlichkeit über einen Bogart-Film zu sagen, hielt die Filmpresse offenbar nicht für opportun.

Der Tagesablauf der Bogarts war nicht besonders romantisch. Unter der Woche standen sie um fünf Uhr dreißig auf, dann gingen sie ins Bad – sie hatten zwei Bäder – und verließen um fünf Uhr fünfundvierzig das Haus. Um sechs Uhr waren sie im Studio.

Dort gingen beide als erstes zu ihrem Maskenbildner, wo sie in der Regel eine Art Frühstück zu sich nahmen. Wann immer die beiden eine kleine Drehpause hatten, besuchten sie einander.

Für Bogie änderte sich auch mit der vierten Ehe nichts an seiner Einstellung zur Arbeit. Professionalität blieb sein Prinzip, aber auch alten Gewohnheiten blieb er treu: Kein Arbeitstag ohne sein Pausenpaket, das aus zwei Broten und zwei Flaschen Bier bestand.

Das brachte er vor Drehbeginn in seine Garderobe, und in der Pause aß er in der ersten halben Stunde seine Brotzeit, in der zweiten Hälfte machte er oft ein Nickerchen. Wenn Betty und er zur gleichen Zeit einen Film drehten, gingen sie auch zusammen zum Mittagessen, mal in die Kantine, mal in den Lakeside Golf Club, in dem sie schon vor ihrer Ehe häufig zusammen gegessen hatten – damals allerdings oft mit »Alibi-Begleitung«.

Nach den Dreharbeiten fuhren sie zusammen nach Hause, wo May, ihre Köchin, die schon seit Jahren bei Bogie war, meistens das Essen für sie fertig hatte.

Gegen zehn Uhr war für die beiden der Tag in der Regel zu Ende; unter der Woche konnten sie nicht viel ausgehen, weil sie immer so früh aufstehen mußten.

Kaum war *The Two Mrs Carrolls* abgedreht, begannen für Bogie die Dreharbeiten zum nächsten Film, für die Warner ihn an Columbia ausgeliehen hatte. *Dead Reckoning* (Späte Sühne) war ein wenig besser als der vorige Film, aber er gehört sicher nicht zu den Glanzlichtern in Bogarts Karriere.

Betty hatte nach *Confidential Agent* keine neue Rolle übernommen, und sie nützte die Zeit, um ihr Haus im Garden of Allah zu verschönern, in dem sie aber nicht mehr allzu lange wohnen sollten.

Jetzt wo seine Tochter berühmt und mit einem großen Star verheiratet war, meldete sich auch Bettys Vater wieder, der über ein Jahrzehnt lang nichts von sich hatte hören und sehen lassen. Er schrieb ihr Briefe und erzählte ihr die »Wahrheit« über seine Ehe, Bettys Mutter und die Scheidung. Der Presse erzählte er auch bereitwillig von seiner Vaterschaft, aber Betty wollte mit ihm nichts mehr zu tun haben. Sie machte es ihm mit Erfolg klar.

Ansonsten verlebte sie eine fast ungetrübte Zeit. Sie spricht von den glücklichsten Jahren ihres Lebens, aber solche Wendungen finden sich für die Vergangenheit leicht.

Da Betty Bogart alles zu tun bereit war, um ihren Mann glücklich zu machen und ihm zu helfen, die harten Jahre mit Mayo zu vergessen, gab sie sich auch Mühe, zum Meer und zum Segeln eine ähnliche Beziehung zu finden wie Bogie. Doch es gelang ihr nicht, sie war eben eine Asphaltnixe, die in ihrer Kindheit nie viel Zeit auf dem Wasser verbracht hatte.

Bogart hatte inzwischen einen noch besseren Vertrag ausgehandelt. Er mußte jährlich einen Film drehen, für den er mindestens zweihunderttausend Dollar Gage bekommen sollte. Er hatte das

Die beiden genossen einander unbeschwert – nicht nur für die Kameras

Recht, schlechte Drehbücher abzulehnen, mit der einzigen Einschränkung, daß er von dreien mindestens eins akzeptieren mußte. Wenn ihm auch das dritte nicht gefiel, durfte er auf eigene Initiative ein besseres vorschlagen. Er konnte sich aussuchen, mit welchen Regisseuren er zusammenarbeiten wollte, nur wenn das Studio Billy Wilder, William Wyler, Edward Dmytryk, John Huston oder John Ford in seinen Filmen Regie führen ließ, durfte er nicht ablehnen. Der Vertrag enthielt noch zahlreiche weitere Verfügungen, von der genauen Einrichtung seiner Garderobe angefangen bis hin zur detaillierten Spesenregelung für den Fall, daß außerhalb Hollywoods gedreht wurde.

Doch das wichtigste an diesem Vertrag war seine außergewöhnlich lange Laufzeit, die auf fünfzehn Jahre festgelegt war. Er garantierte Bogart ein jährliches Einkommen von einer Million Dollar und räumte ihm zudem das Recht ein, pro Jahr einen Film für ein anderes Studio zu drehen, wodurch er sein Einkommen jederzeit steigern konnte. Die Zukunft war damit gesichert, Geldsorgen würden die Bogarts, zumindest in den nächsten fünfzehn Jahren, nicht haben. Da das Ehepaar nicht auf besonders großem Fuß lebte, hegte niemand daran die geringsten Zweifel.

Nun, da er finanziell so glänzend dastand, leistete sich Bogie die Erfüllung eines Traumes: Er kaufte sich für fünfundfünfzigtausend Dollar eine Yacht, mit der er schon lange geliebäugelt hatte, die ihm bisher aber immer zu teuer vorgekommen war: die »Santana«. Gleich nach Betty Bacall war sie das Wichtigste in seinem Leben. Wenn er auf ihr segelte, konnte er alles vergessen, sich entspannen und seinem Bedürfnis nach Ruhe nachgeben.

Aber die »Santana« war für ihn nicht nur eine Möglichkeit, Hollywood für ein Paar Stunden oder Tage hinter sich zu lassen; auf ihr ging es öfter hoch her, nämlich dann, wenn er Freunde zu einem Segeltörn einlud. Einer von den wenigen, dem diese Ehre relativ häufig widerfuhr, war David Niven, den Bogie erst dann richtig zu schätzen begann, als er erfuhr, daß der Engländer seit ewigen Zeiten segelte.

Niven und dessen Frau gehörten bald zum engsten Freundeskreis der Bogarts, neben John Huston, Alistair Cooke, Harry Kurnitz, Nunnally Johnston, Mark Hellinger, Peter Lorre, Frank Sinatra, Spencer Tracy und Katharine Hepburn. Allerdings ließen die beiden letzteren sich nur selten bei größeren Festen blicken, und wenn, dann nie zusammen. Tracy war verheiratet und hatte seit Jahren eine Beziehung zu Katharine Hepburn. Daß die Presse, die darüber Bescheid wußte, es nicht im ganzen Land herumposaunte, ist zum einen damit zu erklären, daß sie beide herausragende Persönlichkeiten und schon zu Lebzeiten Hollywood-Ikonen waren, aber auch damit, daß sie es nicht zu bunt trieben, das heißt, die Öffentlichkeit als Paar mieden.

Betty entwickelte fürs Segeln nie die gleiche Begeisterung wie ihr Mann. Aber dann und wann begleitete sie ihn trotzdem

Betty brauchte ein wenig Zeit, bis sie lernte, was eine gute Gastgeberin ausmachte, aber sie lernte schnell, und bald standen die Bogarts im Ruf, einen sehr amüsanten Haushalt zu führen. Wer bei ihnen eingeladen war, durfte sich geehrt fühlen und sicher sein, daß er einen vergnüglichen Abend verbringen würde. Allerdings lief auch jeder, der mit den Bogarts engeren oder weniger engen Kontakt hatte, Gefahr, ein Opfer von Bogies manchmal zu spitzer Zunge zu werden. Sticheln war ihm eine Lust, und gelegentlich überschritt er dabei die Grenzen des guten Geschmacks. Er betrieb es fast als Sport, Menschen so lange zu reizen, bis sie kurz davor standen, sich handgreiflich gegen seine Bösartigkeiten zu wehren. Doch gelang es ihm instinktiv immer, im richtigen Moment aufzuhören, so daß es nie zu Schlägereien kam. Denn er wußte genau, daß er mit seiner geringen Größe und seiner schmächtigen Statur gegen kräftigere Gegner so gut wie keine Chance hatte. Betty, die sich immer unwohl in ihrer Haut fühlte, wenn ihren Mann wieder der Teufel ritt, versuchte meist nur schüchtern, ihn zu bremsen, da sie ohnehin wußte, daß Bogie nur durch die gefährlich anwachsende Wut des Opfers zu zügeln war. Bogie war allerdings immer so fair, sich nur solche vorzunehmen, die ihm gewachsen waren. Wenn er spürte, daß Menschen ihm unterlegen oder gar eher schutzbedürftig waren, ließ er sie in Ruhe oder unterstützte sie sogar. Wenn er allerdings feststellte, daß ihm jemand genauso hart rausgeben konnte, wie er ihn soeben angegangen hatte, erfüllte ihn das mit Bewunderung, und der Proband hatte den Härtetest bestanden. Nun hatte er Chancen, in Bogarts Freundeskreis aufgenommen zu werden. Trotz der Rauhbeinigkeit, die er nach außen zur Schau stellte, konnte Bogie auch sehr mitfühlend sein – gelegentlich.

Ein Auftritt im Nachtclub »21« soll für sich sprechen:

Drei Männer – einer von ihnen hieß Beebe –, saßen an der Bar, und Bogie kam dazu.

»Sag' mal«, fragte er Beebe. »Bist du schwul?«

Beebe sah ihn kalt an. »Ich wüßte nicht, daß das für dich etwas ändern würde«, antwortete er.

»Wir haben an unserem Tisch eine Wette darüber abgeschlossen«, sagte Bogart. »Bist du 's oder bist du 's nicht?«

»Wenn du 's unbedingt wissen willst – nein«, meinte Beebe.

Die drei Männer starrten Bogart schweigend an, und er wandte sich dem zweiten von ihnen zu.

»Bist du 's?« fragte er ihn.

»Nur mittwochs«, bekam er zu Antwort.

»Und du?« fragte er den dritten.

»Ich versuche, es nicht zu sein.«

Natürlich schaffte sich Bogie mit seinen gnadenlosen Sticheleien, die oft eben nur noch Bösartigkeiten waren, nicht nur Freunde. Er hat viele so nachhaltig beleidigt, daß sie ihn geradezu haßten. Es scheint, als hätte er vor lauter Selbstgerechtigkeit öfter vergessen, daß es außer den seinen auch noch andere Maßstäbe gab. Da er häufig für seine Ausfälle auch noch Beifall von anderen erntete, gab es offensichtlich auch nicht viel Grund, das eigene Verhalten in Frage zu stellen. Ausbaden mußte es – nach seinem Tod – in erster Linie Betty.

Mit Betty kam in Bogarts Leben die Konstanz, die er dringend

Boxer Harvey war bei den Bogarts ein gleichberechtigtes Familienmitglied

brauchte, was sich unter anderem daran zeigte, daß ihm von einem Tag auf den anderen büschelweise die Haare ausfielen. Der Arzt konstatierte, daß das die Folgen seines unregelmäßigen und vor allem psychisch exzessiven Lebensstils seien. Sein enormer Alkoholkonsum hatte bedenkliche Mangelerscheinungen zur Folge, die nun zu seinem Haarausfall führten. Er bekam eine Zeitlang zweimal pro Woche Vitamin-B$_{12}$-Injektionen, und nach und nach wuchsen die Haare wieder nach, allerdings nicht so dicht, daß ihm ein Toupet erspart blieb. Und Bogie haßte es.

Da Betty Bacall kaum Alkohol trank, reduzierte sich auch Bogies Konsum, da es, wie er erklärte, weniger Spaß mache, alleine zu trinken. Betty hat zumindest einen Aspekt seines Trinkens erfaßt, als sie sagte, daß er früher getrunken habe, weil er unglücklich gewesen sei, aber das habe sich nun geändert. Doch hat sie dabei außer acht gelassen, daß man sich in Hollywood als Mann schnell einen schrägen Ruf einhandeln konnte, wenn man nicht gelegentlich seine Trinkfestigkeit nachwies. Nathaniel Benchley, ein guter Kenner Hollywoods, erklärte das so: »Sich zu betrinken, war ein Zeichen von Männlichkeit – Nachweis dafür, daß man ein freier Mann war, der tun konnte, was er wollte –, außerdem paßte es zu seinem Image als Rauhbein.«

David Niven, der die Bogarts mit der Zeit gut kennenlernte, schrieb in seinem Buch »Bring on the Empty Horses«, daß es für Betty Bacall trotz ihrer hohen Intelligenz und ihrer geradlinigen Lebensauffassung nicht immer leicht gewesen sein muß, mit Bogie verheiratet zu sein. Er erwartete von ihr, daß sie seine Richtlinien akzeptierte, aber sie hatte auch ihren eigenen Kopf. Gelegentlich, wenn ihre Ansichten allzu weit auseinanderklafften, kam es zu ordentlichen Explosionen, doch waren sie sich danach nie lange böse. Niven meint, daß die offene Art, in der die beiden miteinander umgingen, sehr zur Entschärfung gelegentlicher Konflikte beitrug.

Die Offenheit im Umgang miteinander war auch von uneingeschränktem Vertrauen getragen, was nicht unbedingt eine Selbstverständlichkeit war. Immerhin hatte Bogie in Betty zum erstenmal eine Frau gefunden, mit der er wirklich glücklich war, und häufig klammern sich zuvor vielfach enttäuschte Menschen zu sehr an die, die ihnen ein schöneres Leben bereiten. Durch diese Umklammerung kann eine bedrückende Enge entstehen, der dann viele zu entfliehen versuchen. Bei Bogie und Betty war das nie der Fall. Bogie klammerte nicht, war auch nicht eifersüchtig.

Betty war eine Zeitlang hin und weg von dem jungen Leonard Bernstein, was sie Bogie nicht verheimlichte. Als Bernstein eines Tages ankündigte, daß er für ein Wochenende nach Kalifornien kommen werde, meinte Bogie gelassen: »Ich kann mit der ewigen Klavierspielerei nichts anfangen … ich fahr' mit dem Schiff weg.«

Natürlich hatte Betty während ihrer Ehe mit Bogie keine einzige Affäre. Sie wußte genau, daß sie damit alles zerstören würde, daß es dann – so hatte Bogie es am Tag ihrer Hochzeit angekündigt – mit dem Vertrauen vorbei sei und damit auch mit der Ehe. Er hatte nicht gedroht, er hatte ihr nur unmißverständlich klargemacht, worum es ging.

Wo Betty das Glück hatte, daß Bogie nicht eifersüchtig war, hatte er Glück, daß Betty nicht zu den Frauen gehörte, die sich immer an erster Stelle sehen müssen. Sie akzeptierte es, daß Bogart gerne in Männergesellschaft war und daß er sie dann nicht dabeihaben wollte. Bogie seinerseits degradierte sie nie zum Zierweibchen. Er sah in ihr, trotz des Altersunterschieds, eine gleichwertige Partnerin, die, ohne nachzudenken, auf seine Vorstellungen von der Rollenverteilung zwischen Eheleuten einging. Vermutlich mußte sie dabei gar keinen Kompromiß schließen, denn schließlich kam sie selbst aus einer Familie, in der man, ohne nachzudenken, in den tradierten Strukturen gelebt hatte und damit zufrieden gewesen war – oder sie zumindest nicht in Frage gestellt hatte.

Über eine Frage hat es bei den Bogarts sicherlich erhebliche Auseinandersetzungen gegeben: über die des Wohnens. Betty sehnte sich nach einem gemütlichen Zuhause, Bogie aber wollte unter keinen Umständen irgendwo à la Hollywood residieren. Als Betty sich in diesem Punkt zäh der Erfüllung ihres Wunsches entgegenarbeitete, mußte sie bei Bogie einen tiefsitzenden Widerwillen überwinden.

Als Betty erfuhr, daß Hedy Lamarr plane, Hedgerow Farms, ein Prachtanwesen mit vierzehn Zimmern, Tennisplatz, Swimmingpool und Angestelltenhaus, zu verkaufen, ging Betty in die Offensive und setzte sich durch.

Obwohl sie das Haus mit allem Drum und Dran gekauft hatten, machte sich Betty erst einmal daran, es teilweise neu zu möblieren. Bogie ließ sie dabei schalten und walten wie sie wollte, registrierte aber beruhigt, daß sie sich jede Ausgabe genau überlegte und nicht im Glücksgefühl ihres neuen Reichtums verschwenderisch wurde. Das neue Haus wurde im Mai 1946 bezogen.

Betty hatte in der ganzen Zeit keinen Film mehr gedreht und sämtliche Drehbücher, die Jack Warner ihr vorgelegt hatte, abgelehnt. Dies und Bettys Bereitschaft, sich voll auf ihre Ehe zu konzentrieren, die ihr viel wichtiger war als ihre Karriere, nahmen Bogie endgültig die Angst, daß Betty genauso wie seine ersten drei Frauen im Zweifel ihren Beruf höher stellen würden.

Warner plante einen neuen Film mit dem Gespann Bogart-Bacall. Da Warner aber von Bettys schauspielerischen Fähigkeiten nicht allzuviel hielt, forderte er sie auf, für *Dark Passage,* so der Titel des geplanten Films, Probeaufnahmen zu machen. Genaugenommen war das eine Frechheit, schließlich waren die beiden Filme, in denen Bogart und Bacall bis dahin zusammen auf der Leinwand zu sehen waren, riesige Erfolge gewesen und die beiden als Gespann bereits ein stehender Begriff. Aber solche Taktlosigkeiten waren bei Jack Warner fast an der Tagesordnung. Nicht umsonst wurden seine Fähigkeiten, im Umgang mit seinen Schauspielern und mit Menschen überhaupt den richtigen Ton zu finden, allgemein als sehr gering geschätzt.

Das Drehbuch von Delmer Daves, der auch Regie führte, enthielt nichts, was Betty die Chance gegeben hätte, an die Frauencharaktere anzuknüpfen, die Hawks ihr auf den Leib geschrieben hatte. Sie hatte nicht die geringste Chance, sich von den gängigen Frauentypen in Hollywood-Filmen abzusetzen, wie das nächste Kapitel zeigen wird.

Das nächste große Filmprojekt, an dem Bogie beteiligt war, war *The Treasure of the Sierrra Madre* (Der Schatz der Sierra Madre). Regie führte John Huston, mit dem Bogart bereits *The Maltese Falcon* und *Across the Pacific* gedreht hatte.

Gedreht wurde im Hochsommer 1947, einige Autostunden von Mexico City entfernt. Betty war bei den Dreharbeiten dabei. Sie empfand John Huston als sehr schwierigen Menschen, obwohl sie mit ihm recht gut klarkam und er sie offensichtlich akzeptierte. Über Betty sagte er: »Mayo hatte einen unauslöschlichen Eindruck auf mich gemacht. Sie kämpfte bis aufs Messer, und bei jeder Gelegenheit kam es zur großen Abrechnung. Betty war genau das Gegenteil. Sie war liebenswürdig zu Bogie und seinen Freunden. Sie war immer freundlich, charmant und liebenswert, alles andere als eine Kämpfernatur. Zwar schmeichelte sie Bogie nicht, aber sie förderte sein Ego. Sie liebte ihn, und er liebte sie. Jeder, der Bogie mochte, mochte auch sie. Es war eine Freude, sie zusammen zu erleben.«

Von seiner eigenen Frau, Evelyn Keyes, die er gerade erst geheiratet hatte und die auch dabei war, hatte er offensichtlich keine gute Meinung, denn Huston hat ständig an ihr herumgenörgelt und damit nicht selten für eine gespannte Atmosphäre am Drehort gesorgt.

Bogart kam mit Huston, mit dem er eng befreundet war, gut aus, auch mit dessen Vater Walter, den er als Schauspieler sehr bewunderte. Nur gegen Ende der Dreharbeiten wurde Bogie immer gereizter, weil für ihn absehbar wurde, daß er die »Santana« umsonst zur Teilnahme an der Honolulu-Regatta angemeldet hatte, für die er schon vor Beginn der Dreharbeiten alles vorbereitet hatte. Die Mannschaft und der Koch waren bereits angeheuert, außerdem hatte er einen Satz sündhaft teurer Segel gekauft. Und nun war das ganze Unternehmen an John Hustons Perfektionismus gescheitert. Natürlich war Bogie stinksauer. Es kam zu einer bösen Auseinandersetzung zwischen dem Regisseur und seinem Hauptdarsteller, und wäre Betty nicht gewesen, hätte das Ganze in einem lang dauernden Zerwürfnis geendet.

The Treasure of the Sierra Madre war ein großer Publikumserfolg, an den Warner sofort mit einem neuen Huston-Bogart-Film anknüpfen wollte. *Key Largo* (Hafen des Lasters) hieß der Film. Es wurde ausschließlich im Studio gefilmt, so daß die Bogarts nun wieder in ihre Alltagsroutine zurückkehren konnten.

Wieder half Bogie Betty bei den Dreharbeiten mit vielen kleinen Ratschlägen, und Betty war sehr dankbar dafür, schließlich wußte sie längst, daß es auch ganz anders laufen konnte.

Howard Hawks legte Bogart nahe, Betty an das zu erinnern, was er ihr beigebracht hatte: »Du bist als Schauspieler gut genug, um zu wissen, daß Betty überhaupt nicht gut ist, wenn sie vergißt, was ich ihr beigebracht habe. Du hast es miterlebt und weißt genau, wovon ich spreche. Alles, was sie in ihren letzten Filmen getan hat, ist absolut falsch für sie. Jetzt liegt es an dir, darauf zu achten, daß sie das Richtige tut, sonst ruiniert sie sich.«

Hawks sprach auch mit Betty, die sich große Mühe gab, an ihre alten Tugenden anzuknüpfen, doch brauchte sie dafür ein Drehbuch, das ihr entsprechend entgegenkam, und bei *Key Largo* war das sowenig der Fall wie bei *Dark Passage* oder *Confidential Agent*.

Doch Jack Warner, der nach drei Filmen, in denen Betty unter ihren Möglichkeiten blieb, hätte erkennen müssen, woran es lag, gab sich überhaupt keine Mühe, passendere Drehbücher für sie aufzutreiben. Wenn es nach ihm ging, reichte es völlig, ihr Klischeerollen an der Seite großer männlicher Darsteller zu geben. Betty beschwerte sich zwar, aber sie erreichte damit nichts. Vermutlich setzte sie auch nicht genügend Nachdruck dahinter, denn eine glückliche Ehe war ihr sowieso wichtiger als Erfolg im Beruf.

Erstaunlich war nur, daß Bogie seinen unerhörten Einfluß nicht nutzte, um seiner Frau bessere Rollen zu verschaffen. Aber das hatte er schon bei Mayo Method nicht getan, und dahinter steckte wohl seine Furcht, daß eine erfolgreiche Ehefrau für eine Ehe eine Gefahr darstelle. Auch Bogie war mit der relativ begrenzten Rollenauswahl, die Warner ihm bot, nicht zufrieden, deshalb gründete er seine eigene Produktionsgemeinschaft, die Santana Pictures Corporation. Seine Agenten Mary Baker und Sam Jaffe hatten ihm dabei sehr geholfen, was für ihn überaus wichtig war, denn er war der erste Schauspieler, der in Hollywood seine eigene Produktionsgesellschaft ins Leben rief, er konnte also nicht auf die Erfahrungen anderer zurückgreifen. Bogie machte sich selbst zum Präsidenten, und der Produzent Robert Lord wurde sein Vize.

Jack Warner war natürlich außer sich, denn, und das wußte er ganz genau, wenn dieses Beispiel Schule machen würde, wäre es um die Macht der großen Studios eines Tages geschehen. Und genauso kam es auch: Spätestens Ende der fünfziger Jahre hatten die großen Studios ihren Monopolstatus weitgehend verloren.

Für Bogies Schritt ließ Warner erst einmal Jaffe und Baker büßen, indem er ihnen und ihrer Klientel den Zutritt zum Warner-Gelände verbot. Das hieß natürlich für die übrigen Schützlinge von Jaffe und Baker, daß sie von Warner keine Engagements bekommen würden. Aus diesem Grunde wechselten viele zu anderen Agenten, doch ließen sich Bogie, Jaffe und Baker trotzdem nicht einschüchtern: Die Santana Pictures Company blieb bestehen, und Warner gab klein bei.

Die Santana stellte insgesamt vier Filme her (*Knock on Any Door, Tokyo Joe, In a Lonely Place, Sirocco*). Drei von ihnen wurden über Columbia vertrieben; eine Koproduktion mit Romulus Pictures kam über United Artists in die Kinos.

Bogie zog 1950 endgültig die Konsequenzen aus Jack Warners diktatorischem Gehabe. In *Chain Lightning* (Des Teufels Pilot) trat er 1950 zum letztenmal in einem Warner-Film auf, dann stieg er aus seinem Vertrag aus.

Dark Passage
(Die schwarze Natter)

Ein mit Blechfässern beladener Lastwagen fährt durch eine öde Landschaft. Die Fässer rumpeln wegen der holprigen Straße laut auf der Ladefläche. Im Hintergrund ist das Sirenengeheul von Streifenwagen zu hören. Ein Faß mit menschlicher Füllung beginnt, sich heftig hin und her zu bewegen, bis es schließlich von der Ladefläche herunterkippt. Krachend und immer wieder durch Hindernisse hochgejagt, poltert es einen ziemlich steilen Abhang hinunter. Ein Mann kriecht aus dem Faß, zieht sein Hemd aus – sein Sträflingshemd –, knüllt es zusammen und versteckt es sorgfältig im dichten Gestrüpp eines Busches. Er steigt den Abhang hinauf und muß nicht lange warten, bis ein Wagen vorbeikommt. Der Fahrer, ein junger Mann, läßt ihn einsteigen und beginnt sofort, den Anhalter im Unterhemd mit Fragen zu bedrängen. Das Gesicht des Entflohenen war noch nicht zu sehen. Die subjektive Kamera übernimmt seine optische Wahrnehmung.

Die Sitze des Wagens sind mit einem auffälligen Zeltstoff bespannt, der sich dem Entflohenen einprägt. Der Fahrer des Wagens hört nicht auf, lästige Fragen zu stellen. Offensichtlich hat er wegen der Kleidung seines Beifahrers Verdacht geschöpft, für den er zunächst aber keine konkreten Anhaltspunkte hat. Sein Verdacht wird bestätigt, als im Autoradio durchgegeben wird, daß ein Sträfling aus St. Quentin entwichen ist. Die dazu gelieferte Beschreibung paßt genau auf den Anhalter, von dem man nun weiß, daß er Vincent Perry – dargestellt von Humphrey Bogart – heißt und wegen des Mordes an seiner Frau zu einer lebenslänglichen Haftstrafe verurteilt worden war. Die Reaktion des Fahrers läßt keinen Zweifel daran, daß er Vincent Perry nicht decken, sondern preisgeben wird. Perry schlägt den Mann zusammen, zerrt ihn hinter ein Gebüsch am Straßenrand und nimmt sich dessen Kleider, um nicht weiterhin schon wegen seiner Aufmachung Aufmerksamkeit auf sich zu lenken. Da hält plötzlich dicht bei dem Wagen des Ohnmächtigen ein Kombi an, dem eine Frau (Lauren Bacall) entsteigt. Sie versteckt Perry, der zunächst überaus mißtrauisch ist, in ihrem Wagen bei ihren Malutensilien. Sie erklärt ihm, daß sie zufällig vorbeigekommen sei. Sie sei Landschaftsmalerin und kehre gerade vom Malen zurück. Sie wolle ihm helfen, weil sein

Prozeß unfair gelaufen sei. Während die Frau das erzählt, liegt Perry hinten im Wagen, versteckt unter einer Decke. Als die beiden über die Golden-Gate-Brücke nach San Francisco fahren wollen, ist dort die Zufahrt schon von der Polizei abgeriegelt, die jeden Wagen kontrolliert. Auch den von Irene Jansen, so der Name der verblüffend hilfsbereiten jungen Frau, die mit ihrer Handlungsweise schließlich Kopf und Kragen riskiert. Der Polizist will von ihr wissen, was sie hinten im Wagen habe, und sie erklärt ihm, daß es sich um ihre Malutensilien handle. Statt daß der Polizist nun einfach die Decke hochhebt, tastet er nur unter ihr herum, wobei sich seine Hand immer weiter ins Wageninnere vorschiebt und die Perrys, die er immer nur um Haaresbreite verfehlt, sich immer weiter zurückzieht. In letzter Sekunde gibt der Polizist auf.

Die beiden geraten noch einmal in Panik – Irene erzählt dem Zugedeckten immer, was sich draußen Wichtiges abspielt –, als eine Motorradstreife auf der Golden Gate Bridge hinter ihnen herfährt. Der Polizist überholt sie aber nur. Sie fahren zu Irenes Wohnung. Irene steigt zuerst aus, um den Aufzug zu holen. Perry soll nicht lange im Hausflur herumstehen müssen, weil ihn sonst jemand sehen könnte.

Oben in der Wohnung geht Irene die Sache erst mal ganz nüchtern und praktisch an. Sie schickt Perry unter die Dusche und zum Rasieren. Sie fährt inzwischen los, um ihm andere Kleider zu besorgen. Seine alten wirft Perry in den Müllschlucker, und während er auf Irenes Rückkehr wartet, läutet es plötzlich an der Tür. Da der Plattenspieler läuft, ist auch von außen zu hören, daß jemand zu Hause sein muß. Der Besucher ist hartnäckig, klingelt immer wieder und will sich offenbar nicht mit der verschlossenen Wohnungstür abfinden. Perry schaut durch den Spion und erkennt Madge (Agnes Moorehead) wieder, die Frau, deren Aussage vor Gericht zu seiner Verurteilung geführt hatte. Er schickt sie weg, und man sieht ihrem Gesichtsausdruck an, daß ihr die Stimme bekannt vorkommt. Als sie aus dem Haus ist, schaut sie noch einmal fragend zu Irenes Wohnung hoch, was Perry durch die aufgespreizten Lamellen der Jalousie hindurch beobachtet.

Danach schaut er sich ein wenig in Irenes Apartment um und findet dabei in einer Kommode einen Zeitungsausschnitt, durch den er erfährt, daß auch Irenes Vater wegen des Mordes an seiner Frau zu lebenslanger Haft verurteilt worden war. Bisher wußte Perry von Irene nur, daß sie täglich bei seinem eigenen Prozeß im Gerichtssaal war und in einem Leserbrief an eine Zeitung gegen die

Art, wie er behandelt worden war, protestiert hatte. Nun kennt er auch den Hintergrund. Irene kommt zurück und sieht ihn mit dem Artikel über ihren Vater. Sie erklärt ihm, daß auch ihr Vater unschuldig gewesen und im Gefängnis gestorben sei.

Perry zieht die Sachen an, die Irene ihm mitgebracht hat, und wartet die Dunkelheit ab, da die Polizei eine Großfahndung gegen ihn eingeleitet hat und ihn bei Tageslicht jeder sofort identifizieren könnte. Kaum ist es dunkel, setzt er sich in ein Taxi und verschwindet. Der Fahrer, der sehr gesprächig ist, erkennt Perry, der daraufhin sofort aus dem Wagen springen will. Doch der Fahrer erinnert ihn daran, daß überall Polizisten seien und daß er keine Chance habe durchzukommen. Perry unterhält sich nun lange mit dem Taxifahrer, der den Wagen in einer dunklen Seitenstraße abgestellt hat. Der Taxifahrer gibt ihm die Adresse eines plastischen Chirurgen, der ihm ein neues Gesicht modellieren könne. Dann setzt er Perry bei dessen Freund ab.

Sam ist Trompeter und Perry treu ergeben. Obwohl er nervös ist und vorhersieht, daß die Polizei, die von seiner engen Freundschaft mit Perry weiß, bald auftauchen würde, ist er bereit, Vince für eine Woche bei sich aufzunehmen, da der nach seiner Operation eine Woche lang einen Verband tragen müsse.

Der Operationstermin ist auf drei Uhr früh festgesetzt. Der Arzt – er erzählt freimütig, daß er vor einigen Jahren seine Zulassung verloren habe – macht einen nicht gerade vertrauenerweckenden Eindruck; sein skurriler Humor jagt Perry Schauer über den Rücken, aber er hat keine andere Wahl. Als er nach der Operation zu sich kommt, ist sein Kopf fast völlig einbandagiert. Der Arzt erklärt ihm, daß er nun eine Woche lang nur flüssige Nahrung zu sich nehmen, rauchen nur mit einer Zigarettenspitze, nicht reden dürfe und mit angebundenen Händen schlafen müsse. Perry geht zu Sams Wohnung zurück und findet ihn tot auf dem Boden. Jemand hat ihm mit der Trompete den Schädel eingeschlagen. Perry beugt sich hinunter, nimmt das Mordinstrument in die Hand, um es sich genau anzuschauen, legt es zurück und verläßt dann sofort die Wohnung. Zurück bleiben seine Fingerabdrücke auf der Trompete. Er hat nun nur noch eine Zufluchtsmöglichkeit: Irene, zu der er sich mit letzter Kraft über viele steile Treppen hinweg schleppt. Gegenüber von Irenes Haus sieht er den offenen Wagen mit den auffälligen Zeltstoffsitzen, ist aber nicht in der Lage, der Sache nachzugehen. Er kommt gerade noch zu Irenes Haustür, klingelt bei ihr und bricht dann zusammen.

Als er wieder zu sich kommt, liegt er auf ihrem Sofa, immer noch völlig erschöpft, und signalisiert ihr, daß er nicht reden dürfe. Sie bringt ihn ins Bett, und als er wieder aufgewacht ist, bringt sie ihm einen flüssigen Brunch, wie sie es nennt. Außerdem eine Tageszei-

675

›Dark Passage‹ (Die schwarze Natter)

tung, deren Schlagzeile verkündet, daß Perry den Trompeter umgebracht habe. Irene fragt ihn nur, ob es stimme, und als er den
Kopf schüttelt, gibt sie sich damit zufrieden und glaubt ihm.
Madge, die seit Vincent Perrys Ausbruch dessen Rache fürchtet,
kommt zu Irene und bittet sie, bei ihr bleiben zu dürfen, alleine sei
sie ihres Lebens nicht sicher. Vincent, der sich, als es klingelte, im
Schlafzimmer versteckte, hört sich alles mit an. Da klingelt es noch
einmal. Bob, ehemals eng mit Madge liiert, nun aber ein Verehrer
von Irene, steht vor der Tür. Madge will sich, um Bob nicht zu begegnen, im Schlafzimmer verstecken, wovon Irene sie gerade noch
abhalten kann. Madge fragt Irene im Beisein Bobs, was für ein
Mann das gewesen sei, der da durch die Türe mit ihr gesprochen
habe. Daß es nicht Bob war, weiß sie, denn bei dem hat sie gleich
danach einen Kontrollanruf im Büro gemacht, ohne sich zu melden. Irene sagt, Vincent Perry sei bei ihr gewesen, er habe einfach

97

das dringende Bedürfnis verspürt, wieder jemanden umzubringen. Durch diese Überspitzung erscheint die Wahrheit unwahr. Vincent, der wieder alles mithört, gerät dabei ins Schwitzen, wird aber bald erlöst, da die beiden Gäste schnell aufbrechen. Vorher hat Irene Madge noch klargemacht, daß sie sie nun nicht mehr sehen wolle. Bob bringt die geängstigte Böse nach Hause.

Inzwischen ist es Zeit geworden, den Verband abzunehmen. Irene macht eine Art ritueller Handlung daraus. Die beiden sind äußerst gespannt auf das Ergebnis, schließlich wissen weder Vince noch Irene, was der Chirurg aus seinem Gesicht gemacht hat. Alles, was der ihm angekündigt hatte, war, daß er ihn ein wenig älter aussehen lassen werde. Als der Verband ab ist, betrachtet Vince sein völlig neues Gesicht im Spiegel, und was er da sieht, gibt ihm das Gefühl, daß er sich trotz der Großfahndung, die nach wie vor im Gange ist, auf die Straße wagen kann, ohne erkannt zu werden. Er verabschiedet sich von Irene, ohne ihr die Frage zu beantworten, wohin er gehen wird, wenn er den tatsächlichen Mörder seiner Frau und seines Freundes Sam gefunden hat. Er nimmt an, daß beide Morde von ein und derselben Person verübt wurden.

Vince fährt als erstes in eine Imbißbude, wo er um die Zeitung bittet. Als der Budenbesitzer ihn fragt, welchen Teil er denn haben wolle, macht er die anderen Leute in der Holzbaracke – darunter einen Polizisten – auf sich aufmerksam, als er das Ergebnis eines Rennens nachlesen möchte, das bereits vor zehn Tagen stattgefunden hat. Der Polizist beginnt sofort, ihm Fragen zu stellen, auf die er keine besonders überzeugenden Antworten weiß. Der Polizist will seine Papiere sehen, und als Vince sagt, daß er sie nicht bei sich habe, will ihn der Polizist mit aufs Revier nehmen.

Vince geht zunächst mit, doch an der nächsten Straßenecke inszeniert er mit Hilfe eines heranfahrenden Taxis ein Durcheinander, das er zur Flucht nützt, und der Polizist kann ihm nicht folgen, weil er von dem Wagen beinahe überfahren wird.

Vince mietet sich in einem abgelegenen Hotel ein Zimmer, in dem er allerdings nicht allzu lange alleine bleibt. Plötzlich steht der Mann in der Tür, der ihn unmittelbar nach seiner Flucht im Unterhemd mitgenommen und den er zusammengeschlagen hatte. Der Mann, ein windiger Kleinganove, wie sich herausstellt, hatte ihn tagelang beobachtet, und nun ist Vince auch klar, weshalb er das Auto mit der auffälligen Bestuhlung vor Irenes Haus gesehen hat. Der Mann bedroht ihn mit dem Revolver und verlangt, daß Irene, deren finanzielle Verhältnisse er kennt, für sein Schweigen zahlen soll. Er führt Vince zum Wagen und verlangt von ihm, ihn zu Irene zu fahren. Vince gibt vor, wegen der Polizeistreifen, die überall unterwegs sind, einen Umweg zu fahren. Sie halten an einem öden Steilufer, wo Vince dem Gauner den Revolver entreißen kann und von ihm herausbekommt, daß ihm am Tag nach seiner Flucht ein orangefarbener Wagen zu dem Trompeter gefolgt sei. Es kommt zum Kampf zwischen den beiden Männern, und ohne daß Vince es gewollt hätte, stürzt der Mann in die Tiefe.

Vince fährt zu Madge, von der er nun, nach der Aussage des Erpressers, weiß, daß sie seine Frau und auch den Trompeter ermordet hat. Madge war lange scharf auf Vince gewesen, der aber hatte von ihr nichts wissen wollen. Da Vinces Ehe schlecht gelaufen war, hatte Madges Aussage vor Gericht, sie habe die sterbende Mrs. Perry gefunden, deren letzte Worte »Vince war es« gewesen seien, letztendlich Vincents Verurteilung herbeigeführt. Hinzu kam, daß

Seine Gesichtsoperation soll ihn vor seinen Verfolgern schützen: ›Dark Passage‹

auf dem Aschenbecher, mit dem Mrs. Perry erschlagen worden war, Vincents Fingerabdrücke gefunden worden waren. Madge, das ist Vincent nun klar, hat seine Frau umgebracht, weil sie der Ansicht war, daß keine ihn haben solle, wenn sie ihn nicht bekäme. Als er Madge in ihrer Wohnung aufsucht – wegen seiner Operation erkennt sie ihn nicht –, sagt er ihr das ins Gesicht. Und sie gibt auch zu, seine Frau und seinen Freund umgebracht zu haben, weigert sich aber, das Geständnis, das er für sie schon aufgesetzt hat, zu unterschreiben. Sie weiß, daß Vince keine Beweise gegen sie hat und daß er ohne ihr Geständnis weiterhin der Gehetzte bleiben wird, was sie ihm in ihrer Bösartigkeit von Herzen wünscht. Als Vince erkennt, daß seine Lage ziemlich aussichtslos ist, fängt er an, sie zu bedrängen. Sie bekommt es mit der Angst zu tun, weicht ihm in Richtung Fenster aus, das sie prompt durchbricht. Sie fällt aus großer Höhe nach unten, und Vince ist sofort klar, daß damit in den Augen der Polizei und der Öffentlichkeit ein weiterer Mord auf sein Konto geht. Er kommt seinem Killer-Image nicht mehr aus. Ihm bleibt nur noch die Flucht übers Dach und die Feuertreppe, die von der Polizei genauso unbemerkt bleibt wie von den Mitbewohnern. Kaum unten, steigt er in eine vorbeifahrende Straßenbahn. Da er weiß, daß er in seiner Heimat keine Chance mehr hat, fährt er zum Busbahnhof, wo er sich eine Fahrkarte nach Benton/Arizona kauft, von wo aus er über die Grenze will. Da der Bus nach Benton erst fährt, wenn noch zwei weitere Fahrkarten dorthin verkauft sind, muß er ein wenig warten. Während des Wartens bekommt er eine Unterhaltung zwischen der – offenbar alleinstehenden – Mutter zweier Kinder und einem allein reisenden Mann mit. Die beiden kommen ins Gespräch, während dessen der Mann mit einem Blick auf die Kinder zu der Frau sagt, daß man im Leben etwas brauche, worauf man sich freuen könne. Da geht Vince in die Telephonzelle – draußen schaut sich derweil ein Streifenpolizist die wartenden Fahrgäste an – und ruft Irene an. Er sagt ihr, wohin sie kommen solle und daß er auf sie warte.

In der nächsten Einstellung sieht man Vince in einem südamerikanischen Club sitzen; allein über einem Cocktail. Plötzlich stimmt die Kapelle eine Swing-Nummer an, und da steht sie: Irene. Die Frau für alle Ewigkeit.

Dark Passage ist sicherlich der schwächste Bogart-Bacall-Film. Das Drehbuch setzt zu sehr auf Harmonie zwischen den beiden Hauptdarstellern. Es fehlt das für die beiden an sich charakteristische Gerangel um die Wahrung der emotionalen und persönlichen

Und das ist Vincent Parry »nach« seiner Gesichtsoperation: Humphrey Bogart, wie er leibt und lebt

Autonomie. Auch wenn Lauren Bacall als Irene nie zum »Hascherl« wird, ist sie Vince doch von Anfang an treusorgende Gefährtin in der Not. Die lakonische Schlagfertigkeit, die in den beiden ersten gemeinsamen Filmen der beiden so glänzend ausgespielt wird, ist hier zum Teil auch vorhanden, aber sie zieht nicht, weil sie sie nicht gegeneinander einsetzen. Die erotische Spannung, sonst ein Markenzeichen im Zusammenspiel der beiden, existiert hier gar nicht. Irene ist einfach eine patente Frau, die weiß, was sie will, ohne dabei egoistisch zu sein. Sie hat sich offenbar für den Mann ihrer Träume aufgehoben, und das ist eben Vince. Sie ist die ewig Verständnisvolle, Einsatzbereite, Schützende, die am Schluß bereitwillig aufgibt, was sie sich aufgebaut hat.

In einer der üblichen Hollywood-Produktionen würde man das

Der Kleinganove (Clifton Young) will Parry erpressen, doch zieht er dabei den kürzeren

einfach als romantisch durchgehen lassen, aber die beiden waren eben nie das übliche Hollywood-Pärchen, das sich am Schluß des Films in rosaroter Gefühlsseligkeit in die Arme sinkt – in *Dark Passage* aber sind sie es.

Allerdings ist es nicht nur die Chemie der beiden Hauptdarsteller, die in diesem Film nicht zu fesseln vermag, er hat auch inhaltlich und strukturell einige Schwächen. Gleich zu Beginn ist völlig unglaubwürdig, daß auf einer einsamen Landstraße nach einer Flucht im Alleingang plötzlich genau die Frau als rettender Engel vorbeikommt, die aus autobiographischen Gründen jeden Tag von Vinces Prozeß im Gerichtssaal anwesend war.

Als nächstes wird keine Begründung dafür geliefert, weshalb Irene, die so bedingungslos auf Vinces Seite steht, noch Kontakt mit dieser Madge hat, die sie ja durch und durch negativ bewertet

Von Anfang an nichts als Harmonie zwischen den beiden: ›Dark Passage‹

und deren Aussage auch zu der ihrer Ansicht nach zu Unrecht erfolgten Verurteilung Vinces geführt hat. Im Verlauf des Films kündigt sie dann plötzlich, als Madge bei ihr Aufnahme und Schutz sucht, dieser die Freundschaft auf, als hätte sie erst jetzt einen Grund dazu.

Nach einiger Zeit wird klar, daß Madge von Anfang an wußte, daß der Mann, der durch Irenes Wohnungstür mit ihr gesprochen hat, Vince war, schließlich ist sie ihm danach bis zum Haus seines Freundes Sam gefolgt, den sie dann auch umbrachte. Warum aber konnte es dann auch Madge für einen Gag halten, als Irene ihr und Bob auf die Frage, wer denn der Mann gewesen sei, »Vincent Perry« zur Antwort gab?

Doch abgesehen von diesen Mankos ist der schwächste Punkt des Films zweifelsohne, daß Humphrey Bogart alias Vincent Perry

›Dark Passage‹

nach einer Gesichtsoperation immer noch uneingeschränkt wie Humphrey Bogart aussah. Das wird auch dadurch nicht überzeugender, daß man Vince vor seiner Operation nur ein einziges Mal in der Dunkelheit sieht, die sein Gesicht zudem verschattet. Man mag dem Regisseur zugute halten, daß das Starpotential Bogarts unbedingt an dessen Gesicht gebunden ist, nachdem er ohnehin über eine Hälfte des Films nicht zu sehen ist. Aber das ändert nichts daran, daß man gerade das den ganzen Film über als störend empfindet.

Terence Pettigrew bemängelt an *Dark Passage* außerdem, daß die Rolle der eifersüchtigen Mörderin Madge Rapf schlecht entwikkelt worden sei. Seiner Ansicht nach hätte man viel besser darstellen müssen, wie es dazu gekommen sei, daß diese Frau nur noch aus Haß und Zynismus bestand. Er vermutet, daß diese Rolle, in der ein großes Potential steckte, deshalb unterbelichtet wurde, weil sonst Betty Bacall mit ihrer eigentlich nichtssagenden Rolle an die Wand gedrückt worden wäre. Die blasse Zeichnung der Madge, die dennoch viel beeindruckender ist als Irene Jansen, war ein Zugeständnis an Jack Warner, der das Gespann Bogart-Bacall in den Vordergrund gerückt haben wollte. Schließlich hatte es sich kommerziell bewährt.

Die meisten Kritiker übersahen die Schwächen des Films nicht. Sie fanden das Ende unbefriedigend, die unbedingte Loyalität Irenes unglaubwürdig oder störten sich daran, daß man so lange mit der subjektiven Kamera gearbeitet hatte. Bogarts Leistung erfuhr viel Lob, und daß er es sich leisten konnte, einen Film so lange ohne Gesicht zu bestreiten, werteten einige als beeindruckenden Nachweis seines Star-Status.

Key Largo
(Hafen des Lasters)

Ein Bus fährt über eine Brücke. Ein Polizeiwagen fährt eine Zeitlang neben ihm her. Hinter der Brücke wird der Bus angehalten, und der Polizist, der dem Streifenwagen entsteigt, erklärt dem Busfahrer, daß zwei Indianer aus dem Gefängnis entflohen seien. In dem Bus sitzt auch Frank McCloud (Humphrey Bogart).

In Key Largo angekommen, geht McCloud in ein Hotel, in dem er von ein paar zwielichtigen Typen sehr unfreundlich empfangen wird. Sie erklären ihm, daß sowohl das Hotel als auch die dazugehörige Bar geschlossen seien. McCloud läßt sich aber nicht abwimmeln, denn er ist hier, um einen Mr. Temple zu sprechen. An der Bar möchte man ihm nichts zu trinken geben, doch setzt sich eine betrunkene Frau um die Fünfzig dafür ein, daß er ein Bier bekommt. Die Frau heißt Gaye Dawn (Claire Trevor).

Nach einiger Zeit bekommt McCloud heraus, daß Temple draußen am Bootshaus ist. Er geht zum Bootshaus, wo er nicht nur Temple (Lionel Barrymore), sondern auch dessen Schwiegertochter Nora (Lauren Bacall) antrifft. Nora Temple ist die Witwe eines Kriegskameraden von Frank McCloud.

Er unterhält sich mit Temple, der im Rollstuhl sitzt, über die beiden entflohenen Indianer und erfährt, daß die beiden nur zu dreißig Tagen Gefängnis verurteilt wurden, also bestimmt keine Kapitalverbrecher waren.

Nora, Temple und McCloud gehen zum Hotel zurück, wo immer klarer wird, daß das fragwürdige Gelichter das Kommando im Haus übernommen hat. Angeblich sind sie zum Tiefseefischen in Key Largo.

McCloud erzählt Nora Temple von den letzten Stunden ihres Mannes in Italien und von sich selbst, daß er vor dem Krieg eine Zeitlang für eine Zeitung gearbeitet habe und daß ihm nun das Leben an Land zu schwierig geworden sei. Er würde sich gerne auf einem Fischkutter sein Geld verdienen.

Es wird Sturmwarnung gegeben, weshalb sich etliche Indianer, für die Temple offenbar eine Vertrauensfigur ist, zum Schutz vor dessen Hotel sammeln, darunter auch die beiden entflohenen Häftlinge. Der Sturm wird stärker, vor dem Haus steht ein Streifenwagen.

Humphrey Bogart als Frank McCloud in ›Key Largo‹ (Hafen des Lasters)

In seinem Hotel hat der alte Temple inzwischen überhaupt nichts mehr zu melden. Er, Nora und Frank werden mit Pistolen in Schach gehalten, und als das Telephon klingelt, verbietet man ihnen hinzugehen. Die Bande hat den Polizisten zusammengeschlagen. Ihr Chef, Johnny Rocco (Edward G. Robinson), hat seine Leute fest im Griff. Gaye ist, wie sich herausstellt, früher einmal seine Geliebte gewesen.

Noch immer weiß man nicht, was die Bande im Schilde führt. Das wird auch nicht klarer, als Rocco dem Kapitän eines gecharterten Schiffs befiehlt, trotz des Sturms zwischen den Klippen zu ankern.

Rocco plant einen großen Coup und hofft, damit wieder an jene Tage anknüpfen zu können, in denen ohne seine Zustimmung keiner Gouverneur werden konnte. Er ist illegal im Land, und die vergangenen Jahre hat er zwangsweise auf Kuba verbracht.

Der alte Temple ist nicht bereit, sich Roccos Anweisungen widerstandslos zu beugen, doch Rocco und seine Männer demütigen ihn erbarmungslos. Rocco hat auch ein Auge auf Nora geworfen, doch macht sie ihm unmißverständlich klar, daß sie mit ihm nichts zu tun haben will. Die einzige, die ein wenig Bewegungsfreiheit hat, ist Gaye, weil sie zu den Ganoven gehört, ohne selbst eine Verbrecherin zu sein. Für sie ist das Zusammentreffen mit Rocco in Temples Hotel das erste seit acht Jahren. Genau wie Rocco sehnt sie sich nach den alten Zeiten zurück, in denen sie eine erfolgreiche Sängerin war. Doch ist sie mittlerweile dem Alkohol verfallen und sieht – anders als Rocco – für sich keine Chance, noch einmal von vorne anzufangen.

Im Gegensatz zu Nora und dem alten Temple versucht Frank, Rocco und seine Leute nicht gegen sich aufzubringen. Er fügt sich ohne großes Widerstreben in die Situation. Als er auf Roccos Frage, wonach er im Leben strebe, antwortet, auf eine Welt ohne Roccos, drückt der ihm eine Pistole in die Hand und verlangt, ihn, Rocco, zu erschießen, was anschließend allerdings Frank das Leben kosten würde. Frank weigert sich. Da springt der junge Polizist, der zuvor zusammengeschlagen worden war, auf, packt die Pistole, die für Frank bestimmt war, und will sich den Weg aus dem Haus bahnen. Rocco schießt auf ihn. Der Polizist, er heißt Sawyer, will zurückschießen, doch ist die Waffe nicht geladen. Frank hatte offenbar genau gewußt, worauf Roccos Trick hinauslaufen würde. Eiskalt erschießt Rocco Sawyer.

Nora beschimpft Frank daraufhin als Feigling. Sie hätte ihn anscheinend lieber als den toten Helden gesehen.

Zwei von der Bande schaffen die Leiche des Polizisten ans Meer und werfen sie dort hinein.

Nach und nach erfährt man, daß Rocco mit illegaler Ware aus Kuba gekommen ist und nun auf seine Abnehmer wartet, die sich wegen des Sturms verspätet haben.

›Key Largo‹: Die Gangster geben den Ton an

In einzelnen Episoden zeichnet sich ab, daß sich in Frank eine Veränderung vollzieht. Als Gaye um etwas Alkoholisches bettelt, verlangt Johnny Rocco von ihr, daß sie erst eines ihrer alten Lieder singt, was sie unter Qualen tut. Als Rocco danach sein Versprechen bricht und sie fürchterlich demütigt, weil er ihr doch keinen Drink gibt, steht Frank auf, schenkt ein Glas ein und bringt es Gaye. Rocco ohrfeigt ihn dafür, was Frank regungslos hinnimmt. Zum erstenmal bedenkt ihn Nora mit einem bewundernden Blick.

Der Sturm wird immer stärker und Rocco immer nervöser. Gaye beobachtet ihn aufmerksam, während er wie ein Tiger im Zimmer auf und ab schreitet.

Um ihn zu provozieren, erzählt Temple ihm, was für verheerende Schäden der letzte Sturm angerichtet habe, und dann betet er laut, daß eine Flutwelle kommen möge. Er sei gerne bereit zu sterben, wenn nur auch Rocco stürbe. Rocco, der kurz vor dem Durchdre-

Humphrey Bogart und Edward G. Robinson in ›Key Largo‹

hen ist, kann gerade noch daran gehindert werden, den alten Mann umzubringen.

Kaum ist das Gebet zu Ende gesprochen, drückt eine umstürzende Palme eines der Fenster ein. Der Sturm wütet, fällt Bäume, peitscht die Wellen meterhoch auf. Draußen klammern sich die Indianer aneinander, denen Rocco den Unterschlupf im Haus verweigert hatte.

Am nächsten Morgen ist das Unwetter vorbei, die Gangster sind immer noch da. Sie stellen fest, daß das von ihnen gecharterte Schiff verschwunden ist. Nun soll Frank ein Schiff nach Kuba steuern, und Rocco macht ihm klar, daß ihm auch das letzte Mittel recht sei, um ihn dazu zu zwingen.

In dieser gespannten Lage taucht plötzlich Sawyers Vorgesetzter auf und fragt nach dem jungen Polizisten. Er besteht darauf, daß er bei Temple gewesen sein müsse, da er kurz vor dem Sturm aus dessen Haus im Revier angerufen habe; aber unter Roccos Druck, ja nichts Falsches zu sagen, streiten alle ab, Sawyer gesehen zu haben.

Der Polizist muß sich schließlich mit dieser Antwort zufriedengeben und will wegfahren. Er steigt in seinen Wagen, stellt die Scheinwerfer an und entdeckt in deren Lichtkegel die Leiche eines

Lauren Bacall und Humphrey Bogart in ›Key Largo‹

Mannes, die in einer Wasserlache liegt. Er geht hin, dreht sie auf den Rücken und erkennt Sawycr. Dcr Polizist geht zum Haus zurück. Rocco paßt ihn ab und lenkt den Verdacht auf die entflohenen Indianer. Der Polizist läuft zum Bootssteg, auf dem sich die Indianer alle versammelt haben. Die beiden Entflohenen, die unter ihnen sind, machen sich sofort auf die Beine, als sie den Polizisten wahrnehmen. Der erschießt die beiden und geht zurück ins Haus. Er wirft Temple vor, ihn angelogen zu haben, und kündigt ihm an, daß er ihn vor Gericht stellen werde. Rocco, der sich ihm als Howard Brown vorgestellt hat und den er für einen ehrenwerten Mann hält, soll als Zeuge aussagen, auch dessen Komplizen. Dann geht er.

Kaum ist er weg, kommen weitere Ganoven. Offenbar sind es die, auf die Rocco so ungeduldig gewartet hatte. Sie kennen einander aus Roccos großen Tagen.

Rocco übergibt ihnen einen Koffer mit erstklassigen Blüten. Während die Gangster miteinander verhandeln, beschwört Gaye Frank, die Kerle unter keinen Umständen nach Kuba zu fahren, da sie ihn umbringen würden, sobald sie am Ziel seien.

Nora schlägt ihm vor, sich nur zum Schein zu dieser Überfahrt bereit zu erklären, aber auf dem Weg zum Boot solle er abhauen. Frank hat jedoch das Gefühl, daß er sich die Auseinandersetzung mit den Verbrechern schuldig sei, was er den beiden Frauen allerdings nicht sagt. Das wird nur durch sein Verhalten deutlich.

Kaum sind Roccos Mittelsmänner mit ihrem Wagen davongefahren, sagt Frank Rocco zu, ihn und seine Leute nach Kuba zu fahren. An Noras Miene ist abzulesen, daß sie große Angst um ihn hat. Gaye soll nicht mitkommen, woraufhin sie Rocco eine Mordsszene hinlegt, die sie geschickt dazu nutzt, ihm die Pistole, die er soeben geladen hatte, aus der Sakkotasche zu klauen. Als sie sich von Frank verabschiedet, drückt sie sie ihm heimlich in die Hand.

Dann gehen sie.

Frank betritt mit den Ganoven das Boot. Daß es »Santana« heißt, ist ein kleiner Gag, denn Bogarts Privatjacht, an der er sehr hing, hieß genauso.

Frank geht ans Ruder, drei der Männer (Rocco, Curly, Angel) gehen hinunter in die Kajüte. Ralph und Toots, der sofort seekrank wird, bleiben bei Frank an Deck. Die Polizei gibt über Funk eine Suchmeldung nach der »Santana« durch.

Nach kurzer Fahrt täuscht Frank einen Schaden am Boot vor und

›Key Largo‹

trägt Ralph auf, doch mal nachzuschauen, ob die Schiffsschraube nicht durch Tang blockiert sei. Kaum beugt der sich übers Heck, nutzt Frank dessen labiles Gleichgewicht, beschleunigt und schlägt mit dem Schiff einen Haken, so daß Ralph ins Meer fällt. Der seekranke Toots bekommt durch Ralphs Schreie mit, daß etwas faul ist. Er schießt auf Frank, der Toots daraufhin umbringt. Durch die Schüsse an Deck werden die Männer in der Kajüte darauf aufmerksam, daß oben offenbar etwas schiefgelaufen ist.

Frank hat sich inzwischen Toots' Revolver geholt und erschießt damit Curly, der an Deck geeilt ist, um nachzuschauen, was sich da abspielt.

Frank ist verletzt, kann aber auf das Dach des Schiffs klettern. Dort öffnet er die Luke, von der aus er den Kajütenabgang überblicken kann. Curly geht sterbend zu Rocco hinunter, der jetzt erst

Claire Trevor (Mitte) erhielt für die Rolle als Gaye Dawn einen Oscar

merkt, daß Gaye ihm seine Pistole geklaut hat. Um nicht sein eigenes Leben zu gefährden, schickt er Angel nach oben, der sich aber weigert, weil er weiß, daß er damit in den sicheren Tod gehen würde. Rocco nimmt diese Weigerung nicht hin und erschießt

Angel. Damit ist Rocco der letzte noch lebende Verbrecher an Bord. Ohne an Deck zu gehen, spricht er mit Frank und versucht, mit allen möglichen Versprechungen sein Leben zu retten. Er bietet Frank an, sein gleichberechtigter Komplize zu werden, doch der macht ihn mürbe, indem er keine Silbe von sich gibt. Roccos Angst wird dadurch immer größer. Frank wartet über der geöffneten Luke darauf, daß Rocco auftaucht. Kaum wird er im Kajütenabgang sichtbar, erschießt Frank ihn. Über Funk fordert er ärztliche Hilfe an und eine Verbindung mit dem Hotel Largo. Eine glückselige Nora nimmt seinen Anruf entgegen und wartet sehnsüchtig auf seine Rückkehr. Mit vier Leichen an Bord steuert Frank wieder zur amerikanischen Küste zurück.

Die Kritiker reagierten auf *Key Largo* recht unterschiedlich. Doch insgesamt war die Aufnahme mehrheitlich negativ. Die einen sahen in ihm viele starke Momente, die aber nicht zu einem starken Ganzen verbunden worden seien. Bogart, Barrymore und Robinson kamen bei der Besprechung der darstellerischen Einzelleistungen nicht besonders gut weg. Einige warfen den drei Altstars vor, daß sie einfach nur ihre alten Gesten und Manierismen dargeboten hätten. Allein Claire Trevor wurde einhellig gelobt. Sie erhielt für ihre Rolle auch einen Oscar.

Steve

Betty war ein Familienmensch. Obwohl sie im wesentlichen ohne Vater aufgewachsen war, wußte sie, was die Geborgenheit, die eine Familie bieten konnte, wert war. Denn ihr hatte der Zusammenhalt der Familie mütterlicherseits zu einem großen Teil das Gefühl erspart, daß in ihrem Leben etwas fehle, weil kein Vater da war.

Betty wollte auf jeden Fall selbst Kinder haben, stieß dabei aber lange auf den Widerstand ihres Mannes. Bogie fühlte sich zum einen zu alt, um noch Vater zu werden, zum anderen fürchtete er, daß ein Kind Betty so mit Beschlag belegen würde, daß für ihn nicht mehr allzuviel übrigbliebe. Der Gedanke, sie mit jemandem teilen zu müssen und für lange Zeit nur die zweite Geige zu spielen, war für ihn offenbar kaum zu ertragen.

Man fragt sich nur, woher Bogie dieses Mutterbild hatte, denn von seiner eigenen Mutter konnte er es nicht haben. Sie hatte sich nie besonders intensiv um die Kinder gekümmert, genausowenig wie um ihren Mann.

Doch wie schon bei dem Hauskauf setzte sich Betty auch hier durch.

Immer wieder sprach sie mit Bogie darüber, daß sie Kinder haben wolle, bis sie ihn schließlich so weit hatte, daß er sich einer Hormonbehandlung unterzog. Und selbst danach dauerte es noch einige Zeit, bis sie schwanger wurde. Der Arzt hatte ihr geraten, sich nicht zu verkrampfen und nicht ständig an ihren Kinderwunsch zu denken. Daran kann man erkennen, wie sehr sie sich nach einem Kind gesehnt haben muß. Diese Sehnsucht nach einem Kind muß Bogie gespürt haben, als er seine eigenen Bedenken zurückstellte und sich sagte, daß er ihr einen so großen Wunsch nicht unerfüllt lassen konnte.

Sie waren gerade drei Jahre verheiratet, als Betty von ihrem Arzt nach einem »Karnickeltest«, wie sie es nannte, bestätigt bekam, was sie bereits vermutet hatte: Sie war endlich schwanger.

Betty war außer sich vor Freude und glaubte, daß Bogie genauso auf diese Nachricht reagieren würde. Er drehte gerade *Tokyo Joe,* und sie erwartete ihn gegen sechs Uhr zurück. Doch wenn sie gehofft hatte, daß sich bei ihm die gleiche Euphorie einstellen würde, wie es bei ihr der Fall war, dann hatte sie sich getäuscht.

Zunächst war er sehr gerührt, doch er sprach nicht weiter über das

Das Ehepaar Bogart bei der Premierenfeier für ›Key Largo‹

Baby, den ganzen Abend nicht. In der Nacht kam es zu einem fürchterlichen Streit, dessen Ursache in erster Linie darin lag, daß die alten Ängste trotz all der Gespräche, die sie geführt hatten, in diesem Augenblick in ihm noch einmal geballt hochstiegen. Genau das erklärte er am nächsten Morgen in einem Brief, den er ihr vor dem Weg zur Arbeit zurückgelassen hatte.

Betty hatte, wie fast immer, größtes Verständnis und nahm sich vor, Bogie trotz des Kindes nie zu vernachlässigen.

Sie genoß ihre Schwangerschaft geradezu, hatte so gut wie keine Probleme und blühte richtiggehend auf. Das Rauchen stellte sie nicht ein, doch Bogie sorgte dafür, daß sie es einschränkte. Er achtete auch darauf, daß sie sich richtig ernährte, aber ansonsten machte er nicht viel Aufhebens um ihre Schwangerschaft. Er sprach nur selten davon.

Mit Präsident Truman, der während einer Wahlkampftournee auch nach Los Angeles kam und ein gutes Verhältnis zu den Bogarts hatte, schloß Bogie eine Wette ab: Er wettete zwanzig Dollar, daß es ein Mädchen werden würde, Truman hielt dagegen.

Betty wußte bereits von ihrer Schwangerschaft, da bot Jack Warner ihr wieder eines seiner unsäglichen Drehbücher an: *Storm Warning*. Betty sagte nicht sofort ab, sondern hielt ihn mit dem Wunsch nach einigen Änderungen hin. Unter keinen Umständen wollte sie, daß er als einer der ersten von ihrer Schwangerschaft erfuhr.

Doch in Hollywood ließ sich nichts lange geheimhalten, dafür sorgten vor allem die Klatschjournalistinnen Hedda Hopper und Louella Parsons. Beide hatten überall ihre Spitzel und Informanten sitzen. Und Hedda Hopper erfuhr sofort, daß Betty beim Gynäkologen war. Da zwischen Hedda Hopper und Louella Parsons eine erbitterte Rivalität herrschte, waren sie beide gierig danach, wichtige Informationen jeweils als erste zu erhalten, um die Zeitungsleser noch vor der anderen über die aufregendsten Neuigkeiten aus dem Showgeschäft informieren zu können. Damit konnten sie ihren Marktwert und auch ihren Einfluß noch zusätzlich steigern.

Es dauerte auch nicht lange, da meldete sich Hedda Hopper bei Betty und fragte sie, ob es stimme, daß sie schwanger sei. Betty verneinte eiskalt, weil sie nicht bereit war, dieser Frau ähnlich furchtsam Rede und Antwort zu stehen, wie es viele in Hollywood taten, die ihre scharfen Worte fürchteten.

Kaum hatte sich Hedda an anderer Stelle der bestehenden Schwangerschaft versichert, revanchierte sie sich mit einem bösen Artikel für Bettys Abfuhr, indem sie sie als eine Frau beschimpfte, der mehr am Geld lag als an einer Mutterschaft. Damit spielte sie auf die geplante Verfilmung von *Storm Warning* an. Betty hatte bis dahin noch nicht endgültig abgelehnt, doch das erübrigte sich nach diesem Artikel auch. Der Film wurde nicht gedreht.

Das Erstaunliche an diesen Klatschkolumnisten ist, daß fast alle nur über sie schimpften, wenn sie irgend jemanden durch die Mangel drehten. Daß gerade sie ein wichtiger Bestandteil des damaligen Starsystems waren, wollte keiner gerne zugeben. Die Stars bedienten sich ihrer schließlich gerne, wenn sie wieder ein wenig Publicity brauchten. Die Namen, die in ihren Kolumnen auftauchten, gingen durch Amerika. Je bekannter ein Name, um so höher der Marktwert usw. Die Gesellschaftsreporter konnten nur die Macht ausspielen, die man ihnen gegeben hatte. Es war ein Spiel auf Gegenseitigkeit. Und wer bereit war, sich von ihnen hochleben zu lassen, der mußte es auch in Kauf nehmen, daß er einmal gerupft wurde. Betty war über diesen Zwischenfall erst einmal außer sich und sprach ein Jahr lang nicht mit Hedda Hopper, aber eben nur ein Jahr lang.

Doch solche Geschichten konnten Bettys großem Glück keinen Abbruch tun. Jahre später beschrieb sie, wie sie sich fühlte, wenn sie einmal für kurze Zeit nicht mit Humphrey zusammensein konnte: »1948 tat sich soviel. Bogie nahm eines Wochenendes an einer Regatta teil, und ich werde nie vergessen, wie sehr er mir gefehlt hat. Ich liebte diesen Mann so sehr, daß ich einen Schmerz in meinem Herzen fühlte, als er ging. Genauso war es. Er war in meinem Leben so wichtig, daß ich buchstäblich an nichts anderes denken konnte – ich mußte tief Luft holen, als er ging. Wann immer ich heute das Wort GLÜCKLICH höre, denke ich an jene Zeit. Damals lebte ich Tag für Tag die volle Bedeutung dieses Wortes. Seitdem ist das nur noch gelegentlich der Fall.«

Am Morgen des 6. Januar 1949 wachte Betty früh auf. Sie fühlte sich ein wenig komisch, wußte aber nicht genau, ob das, was sie spürte, bereits richtige Wehen waren oder nicht. Sie sagte nichts zu Bogie, sondern ließ ihn ins Studio gehen. Als die Wehen in Fünf-Minuten-Abständen kamen, fuhr sie zu ihrem Arzt. Bogie war inzwischen verständigt worden. Er kam mit grünlichem Gesicht in die Praxis und brachte Betty gleich ins Krankenhaus. Dort wurde sie gleich auf die Entbindung vorbereitet und in den Kreißsaal gebracht. Bogie kam mit, und Betty erzählt, daß seine Gesichtsfarbe den gleichen Ton hatte wie der hellgrüne Chirurgenkittel, den man ihm gegeben hatte. Er saß da und hielt ihre Hand, doch als er sah, wie Betty sich immer mehr anstrengen mußte, hielt er es nicht mehr aus. Er bat Betty, aus dem Zimmer gehen zu dürfen.

Am Anfang hatte Humphrey Bogart vor der Zerbrechlichkeit seines Sohnes Steve großen Respekt

Um elf Uhr zweiundzwanzig – es war ziemlich schnell gegangen – war Stephen Humphrey Bogart auf der Welt. Betty war von der Betäubungsspritze noch ganz benommen, aber die Reaktion ihres Mannes, als sie vom Kreißsaal in ihr Zimmer gebracht wurde, hat sie genau mitbekommen. Für sie war seine Rührung der erfüllteste Augenblick ihres Lebens.

Da die Geburt nicht übermäßig anstrengend gewesen war, durften Betty und Steve schon am 11. Januar nach Hause. Steve bekam eine Säuglingsschwester, so daß Betty nicht rund um die Uhr nur für ihren Sohn dazusein hatte. Über ein Hausmikrophon konnte sie immer hören, was der Kleine gerade trieb. Für sie war das beruhigend, dennoch meint sie heute, daß sie sich doch deutlich mehr um ihren Sohn gekümmert hat, als es Bogie vielleicht guttat. Der sagte aber nichts. Er hielt sich zurück und ging nur selten ins Babyzimmer. Er brauchte seine Zeit, um seinen Respekt vor diesem kleinen, hilflosen Etwas zu verlieren. Andere hilflos zu sehen, machte ihn auch hilflos, und dieser Empfindung ging er am liebsten aus dem Weg.

Betty versuchte alles, um Bogie nicht das Gefühl zu geben, daß er nur noch an zweiter Stelle stehe. Sie ging mit ihm auf die »Santana«, auch wenn sie sich dafür einige Stunden von Steve trennen mußte. Jede Trennung von ihm tat ihr weh, aber sie wußte auch, was sie ihrem Mann schuldig war.

Für Bogie veränderte sich durch Steves Geburt das Leben kaum. Sein Tagesablauf war der gleiche wie früher, und er verbrachte seine Wochenenden oft auf der »Santana«. Nach seiner Heimkehr aus dem Studio spielte er meist ein wenig mit Steve – je älter er wurde, um so mehr. Betty hatte gewußt, daß er in seine Vaterrolle hineinwachsen würde.

Schauspieleralltag

Auch als Mutter eines Sohnes konnte und wollte sich Betty nicht ausschließlich auf ihr Familienleben konzentrieren. Schließlich hatte sie noch einen Vertrag mit Warner, und außerdem war sie zu ehrgeizig, um nur noch Mrs. Humphrey Bogart zu sein.

Ein gutes halbes Jahr nach der Geburt von Steve bot ihr Warner ein Drehbuch an, das sie nicht so schlecht fand wie die letzten, die sie bekommen hatte. Sie sagte zu. Der Film hieß *Young Man with a Horn* (Der Mann ihrer Träume) und zeichnete auf etwas melodramatische Art das Leben des Trompetenspielers Bix Beiderbecke nach. Betty arbeitete unter der Regie von Michael Curtiz, mit dem Bogie *Casablanca* gedreht hatte. Schon deshalb hatte Betty geglaubt, daß sie mit Curtiz gut klarkommen würde, doch zeigte sich nur zu bald, daß das nicht der Fall war. Er neigte zu Wutausbrüchen gegenüber Schwächeren, hatte aber ansonsten häufig Probleme, sich durchzusetzen.

Bettys Kostar war Kirk Douglas, den sie bereits seit ihrer Zeit auf der Schauspielschule kannte. Als Backfisch war sie einst sehr verliebt in ihn gewesen, doch hatte er sich nicht im gleichen Maß für sie erwärmen können. Die beiden kamen während der Dreharbeiten sehr gut miteinander aus. Sie schwelgten häufig in Erinnerungen, schließlich kamen sie aus einem sehr ähnlichen Hintergrund – auch Douglas kam aus einer jüdischen Familie, weshalb Bettys Mutter ihn gerne als ihren Schwiegersohn gesehen hätte. Betty war über *Young Man with a Horn* nicht besonders erfreut, obwohl sie und Douglas für ihre darstellerischen Leistungen großes Lob erhielten.

1950 drehte Betty ihren letzten Film für Warner, wieder unter der Regie von Michael Curtiz, der sich auch diesmal nicht immer von seiner angenehmsten Seite zeigte. Die männliche Hauptrolle spielte nämlich Superstar Gary Cooper, der seinen Status gelegentlich auch ausnützte. War Curtiz dann seinetwegen in Rage, ließ er es nicht an »Coop« aus, sondern an denen, die es sich im Gegensatz zu diesem nicht leisten konnten, im Falle einer Auseinandersetzung einfach den Set zu verlassen. Betty scheint darunter sehr gelitten zu haben. Sie hatte keinen besonders guten Stand als Schauspielerin, denn auch in der Filmwelt sah man sie nur noch als die Ehefrau des großen Bogart; daß sie daneben auch noch eigene Vorstellungen hatte und ihre schauspielerische Laufbahn nicht

Je größer Steve wurde, um so mehr konnte sein Vater mit ihm anfangen

einfach aufgeben wollte, kam keinem in den Sinn. Am allerwenigsten Jack Warner. Der ewig übellaunige Studioboß bot ihr nach wie vor nur mittelmäßige Drehbücher an – wenn sie überhaupt so gut waren.

Auf ihre Beschwerden reagierte er immer ausweichend, und da auch Bogie sich nicht für sie einsetzte, hatte er nicht den geringsten Grund, Betty in irgendeiner Weise zu fördern. Bogarts Frau zu sein galt vielen in Hollywood und anderswo als der größte Karrieresprung, den eine Frau machen konnte. Unter diesen bornierten Ansichten litt Betty sehr, doch mußte sie lernen, damit umzugehen. Und die einzige Konsequenz, die sie vorerst ziehen konnte, war, sich aus ihrem Vertrag mit Warner rauszukaufen.

Während es um ihre Karriere miserabel stand, bekam Bogie, der seit *Tokyo Joe Chain Lightning* (Des Teufels Pilot) und *In a Lonely Place* (Ein einsamer Ort – beide 1950) sowie *The Enforcer* (Der Tiger) und *Sirocco* (Sirocco – zwischen Kairo und Damaskus; beide 1951) gedreht hatte, von John Huston ein Angebot, das ihm die Krönung seiner schauspielerischen Laufbahn einbringen sollte. Doch die mußte er sich erst hart erarbeiten – so hart wie noch nichts zuvor in seinem Leben; doch vorher noch zu dem anderen Bogart, dem, den man in Hollywood nicht so gerne sah.

Die Ära McCarthy

Joseph Raymond McCarthy (1908−1957) war von 1947 bis zu seinem Tod Mitglied des amerikanischen Senats. Er setzte sich an die Spitze einer antikommunistischen Hetzbrigade, die ein Kind des kalten Kriegs war. Jeder, der Kommunisten und ihr Gedankengut nicht ausdrücklich haßte und eine Figur des öffentlichen Lebens war, geriet automatisch in Verdacht, selbst Kommunist zu sein.

Die amerikanische Kommunistenjagd hatte genaugenommen bereits 1938 mit der Konstituierung des »House Committee on Unamerican Activities« (HUAC) begonnen, des Senatsausschusses, der sich mit nichts anderem beschäftigte als mit subversiven, von vermeintlich kommunistischen Infiltrationsabsichten getragenen Aktivitäten amerikanischer Staatsbürger oder in Amerika lebender Ausländer.

Das Komitee für unamerikanische Umtriebe arbeitete sogar während des Zweiten Weltkriegs weiter gegen die Maßnahmen des New Deal und dessen Verfechter, obwohl aufgrund des Kriegsbündnisses mit der UdSSR aller Grund vorhanden war, wenigstens vorübergehend die in den Vereinigten Staaten sehr verbreiteten Antipathien gegen die Sowjetunion ruhen zu lassen.

1945 wurden John E. Rankin und J. Parnell Thomas die Vorsitzenden des Ausschusses, der von da an zu einer ständigen Einrichtung und zur treibenden Kraft in der Bekämpfung des Kommunismus in Amerika im Zeitalter der Containment- und Roll-Back-Politik wurde. In den frühen fünfziger Jahren, als klar war, daß sich die Welt endgültig in zwei verfeindete Blöcke geteilt hatte und der Sowjetblock mit aller Kraft in seinem Expansionsdrang gebremst werden mußte, war dieser Ausschuß auf dem Höhepunkt seiner Macht. Hollywood hatte seit 1947 mit diesen modernen Großinquisitoren zu kämpfen. Ausschußmitglieder nahmen die Personalakten der Studios unter die Lupe und suchten darin nach »linken« Kräften. Wer als »links« eingestuft wurde und trotzdem weiterarbeiten wollte, hatte nur eine Chance: Er mußte sich bereit erklären, »linke« Kollegen zu denunzieren, ansonsten konnte er fest mit Berufsverbot rechnen.

Besonders kooperativ zeigten sich Adolphe Menjou, Robert Taylor, Ronald Reagan, Gary Cooper und der Studioboß Jack Warner, der sich einst sehr für den New Deal und die Allianz mit der Sowjetunion engagiert hatte.

Andere versuchten, sich aus der Affäre zu ziehen, indem sie ihre Aussagen vorher mit ihren Freunden durchsprachen. Einer von ihnen war Elia Kazan. Doch wer sich weder mit fingierten Aussagen durchmogeln konnte noch sich mit übler Denunziation auf die Seite der Saubermänner schlagen wollte, dem standen schlimme Zeiten bevor.

Zehn sogenannte »unfreundliche« Zeugen wurden unter Strafandrohung vor den Ausschuß zitiert, wo sie aussagen sollten; einige von ihnen waren mutig genug, dem Ausschuß das verfassungsmäßige Recht zur Erzwingung von Aussagen abzusprechen, doch kam sie das teuer zu stehen. Es handelte sich um die »Hollywood Ten«, auch »Unfriendly Ten« genannt, die deshalb wegen Mißachtung des Kongresses vor Gericht gestellt und zu Freiheitsstrafen verurteilt wurden: Alvah Bessie, Herbert Biberman, Lester Cole, Edward Dmytryk, Ring Lardner jr., John Howard Lawson, Albert Maltz, Samuel Ornitz, Adrian Scott und Dalton Trumbo. Doch war das nur der Anfang; Hollywood sollte so schnell nicht wieder zur Ruhe kommen. Viele Studioangestellte gerieten auf eine schwarze Liste – deren Existenz übrigens immer bestritten wurde – und wurden entlassen. Gegen eine Liste, die offiziell nicht existierte, konnte man auch nicht vorgehen, man konnte sich auch nicht gegen die unausgesprochenen Anschuldigungen wehren, aufgrund derer man auf sie gekommen war. Ausweg war auch hier wieder nur bedingungslose Zusammenarbeit mit den Inquisitoren. Manchen gelang es, unter Pseudonym weiterzuarbeiten, andere emigrierten, wie etwa Joseph Losey. Doch da die ausländische Filmindustrie in hohem Maße von Hollywood abhängig war, schloß auch sie sich in der Regel dem Boykott an, so daß es kaum Ausweichmöglichkeiten für die Geächteten gab. Viele vielversprechende Talente wurden in dieser Zeit zerstört, aber das zählte nicht, viel wichtiger war, daß man auf dem besten Weg zu einer kommunistenfreien Umwelt war.

Die Ausschußmitglieder nutzten bewußt das starke öffentliche Interesse, das die Nation schon immer an Hollywood gehabt hatte. Über die Befragung eines Stars ließ sich die Gesinnung des Ausschusses auf schnellstem Wege ins Land transportieren. Zugleich konnte man dadurch deutlich machen, daß man nicht bereit war, irgendeinen wegen seines herausgehobenen Status zu verschonen, wenn er der falschen Ideologie anhing. Häufig entbehrten die Anschuldigungen jeder Grundlage, doch wurden sie mit solcher Wucht vorgetragen, daß man sich kaum dagegen wehren konnte,

Ihren Ärger gegen die Machenschaften McCarthys brachten die Bogarts mit einigen Kollegen durch einen Protestmarsch in Washington zum Ausdruck

zumal die Bevölkerung tendenziell überaus bereit war, dem glänzenden Demagogen McCarthy und seinen Gesinnungsgenossen zu glauben. Wer ihnen nicht glaubte, äußerte es nicht öffentlich, denn wer gegen den Ausschuß war, wurde automatisch verdächtigt, mit den Kommunisten zu sympathisieren.

Wer vor den Ausschuß zitiert wurde, war in dieser aufgeladenen Atmosphäre auch dann stigmatisiert, wenn er nicht schuldig gesprochen wurde. Für Lehrer und Mitarbeiter des öffentlichen Dienstes konnte das die Entlassung bedeuten – und die sichere Arbeitslosigkeit, da niemand mehr bereit war, sie einzustellen. Auch Intellektuelle – Professoren und andere Multiplikatoren – wurden unter die Lupe genommen. In einigen Fällen kam es zu Berufsverboten.

Um gegen diese Machenschaften zu protestieren, flog Bogart mit einigen Schauspielerkollegen – darunter Danny Kaye und Richard Conte – nach Washington zu einem kurzen Demonstrationszug. Er und seine Freunde wollten nicht widerstandslos hinnehmen, daß Hollywood, und nicht nur Hollywood, sondern die gesamten USA, aus Angst vor dem Tribunal – die »Befragungen« waren wie Schauprozesse inszeniert – und seinen zum Teil schamlosen Diffamierungen in Schweigen oder Überangepaßtheit versinken würden. Die Atmosphäre in den Studios muß in der McCarthy-Ära bedrückend gewesen sein. Wer noch nicht unter Verdacht stand, tat nichts, was ihn doch noch in diese Lage bringen konnte, und das war schneller passiert, als man glaubte. Um in Ruhe gelassen zu werden, arbeiteten in dieser Zeit viele Studiobosse nach der Prämisse des vorauseilenden Gehorsams: Wer sich von sich aus den Richtlinien des Ausschusses beugte, konnte sich und seine Angestellten aus den politischen Verfahren heraushalten, bekam wenigstens auch keinen offen ausgeübten Druck zu spüren. Dennoch mußte eine solche Vorbeugetaktik zu einer künstlerischen Verarmung führen.

Unter diesen Umständen ist es verständlich, daß nur wenige den Mut aufbrachten, dagegen anzutreten. Als sich aber der Eindruck immer mehr verstärkte, daß die kommunistische Partei die sogenannten »Unfreundlichen Zehn« zu ihren Märtyrern stilisierte bzw. versuchte, aus der ungerechten Behandlung, die diesen widerfahren war, Kapital für sich und ihre Ideologie zu schlagen, zog sich Bogart zurück. Huston, der die Hollywood-Opposition gegen den Ausschuß angeführt hatte, machte ihm deswegen den Vorwurf, daß er kneife. Bogie ließ sich dadurch jedoch nicht beirren. Er hatte das Gefühl, daß er hier von einer politischen Gruppierung ohne sein Einverständnis zum Werkzeug gemacht wurde. und das wollte er unter keinen Umständen. Denn Bogart war, wenn auch nach den damaligen amerikanischen Maßstäben »links«, keinesfalls Kommunist, sympathisierte auch nicht im geringsten mit kommunistischen Zielsetzungen. Er war lediglich ein gemäßigter Konservativer, der um die amerikanischen Freiheitsideale fürchtete. Die freie Meinungsäußerung, auch in politischen Fragen, ist eines der unumstößlichen Freiheitsrechte, die er durch sein politisches Engagement sichern wollte. Aber er wollte dessen Auswirkungen in jedem Fall unter seiner Kontrolle behalten und sich nicht für Ziele einspannen lassen, die absolut nicht die seinen waren.

Daß er ohne weiteres dazu bereit war, auch dann öffentlich für seine politischen Überzeugungen einzustehen, wenn er dafür nicht mit Sympathiekundgebungen rechnen durfte, hatte er bereits 1944 bewiesen, als er in einer Radiosendung für die Wiederwahl Franklin D. Roosevelts warb. Daß er deswegen viele Zuschriften erhielt, in denen er heftig beschimpft wurde, veranlaßte ihn lediglich dazu, in der *Saturday Evening Post* einen Kommentar zu diesen Briefen zu veröffentlichen, nicht zum Rückzug.

Bogie kniff nicht. Und wenn er sich gegen die Methoden des Ausschusses für unamerikanische Umtriebe wehrte, dann bestimmt nicht, um den Kommunisten den Rücken zu stärken, sondern weil es in seinen Augen fatal war, daß man, um eine vermeintlich gefährdete Freiheit zu erhalten, diese so sehr einschränkte, daß die eigene Vorgehensweise kaum weniger fragwürdig war als die des Gegners. Doch darüber schienen sich die meisten Amerikaner damals, als man überall die rote Pest lauern sah, nur wenig Sorgen zu machen.

The African Queen

1935 hatte C. S. Forester eine Abenteuergeschichte mit dem Titel
»The African Queen« veröffentlicht, die in der Zeit des Ersten
Weltkriegs in Belgisch-Kongo spielt. Sie handelt von dem Zusam-
mentreffen einer englischen Missionarsschwester und einer unge-
hobelten »Flußratte«. Die beiden geraten unfreiwillig in eine
Lage, in der sie völlig voneinander abhängig sind. Um aus ihrer
Not das Beste zu machen, gleichen sich die beiden einander an,
wenn auch nur sehr widerwillig. Natürlich ist das nicht die ganze
Geschichte, aber ihr reizvollster Teil.

Die Vorlage geisterte in den großen Studios jahrelang herum,
ohne daß sich je eines energisch für die Verfilmung engagiert
hätte. Erst 1951 macht der Produzent Sam Spiegel Ernst, als er mit
John Huston vereinbarte, ein Drehbuch aus dem Stoff zu machen.
Die beiden einigten sich darauf, daß man Katharine Hepburn und
Humphrey Bogart für die Hauptrollen engagieren solle.

Bis dahin war es noch nicht so schwer gewesen. Die großen Probleme stellten sich erst, als es darum ging, den passenden Schauplatz zu finden.

Die Vorbereitungen der Dreharbeiten in Afrika würden unge-
heuer aufwendig werden, soviel war klar. Entsprechend schwierig
war es, das nötige Geld für die Produktion aufzutreiben.

Humphrey Bogart war alles andere als begeistert von der Aussicht,
Monate in einem völlig unerschlossenen Gebiet drehen zu müssen,
doch ließ er sich von John Hustons Begeisterung mitreißen und
nahm Risiken auf sich, für die er sich unter anderen Umständen
selbst für verrückt erklärt hätte.

Bogie und Betty flogen nicht direkt nach Afrika, sondern legten
zuvor noch einen längeren Aufenthalt in Paris und Rom ein.

Während die beiden – nicht anders übrigens als Katharine Hepburn – noch die letzten Tage in der westlichen Zivilisation in vollen
Zügen genossen, war Huston bereits in Belgisch-Kongo. Er ließ
sich nicht davon abbringen, daß die Geschichte auf »schwarzem
Wasser« spielen müsse, und nach langem Suchen stieß er auf einen
Nebenfluß des Kongo, den Ruiki, der seinen Vorstellungen entsprach.

Die Darsteller flogen von Rom aus nach Leopoldville, machten
dort Zwischenstation und flogen einen Tag später weiter nach
Stanleyville, wo der Schriftsteller Peter Viertel sie abholte, um mit

ihnen nach Biondo weiterzureisen, wo die Crew sich niedergelassen hatte.

Die klimatische Umstellung war für alle ein Problem. Es gab nicht einen, dem die feuchte Hitze nicht zu schaffen gemacht hätte. Die Abwehrkräfte wurden über die Maßen strapaziert. Während der Dreharbeiten hatten bis auf Betty, Bogie und Huston sämtliche Mitwirkende mit schweren Infektionen zu kämpfen. Katharine Hepburn, die Bogie während der Dreharbeiten hartnäckig von seinem überhöhten Alkoholkonsum abbringen wollte, meinte am Schluß lakonisch, daß er es möglicherweise gerade ihm zu verdanken habe, daß er von Durchfall und ähnlichem verschont geblieben sei. Für John Huston galt das gleiche. Bogie, dessen Verpflegung fast ausschließlich aus Bohnen, Dosenspargel und schotti-

Bei den Dreharbeiten zu ›The African Queen‹

schem Whisky bestanden hatte, meinte später launig, daß jedes Insekt, das ihn habe beißen wollen, tot von ihm abgefallen sei.

Für die verwöhnten Hollywood-Stars war die Unterbringung lausig: Sie schliefen in provisorischen Hütten, die Wasserversorgung war miserabel, und Strom war kostbar. Die Garderoben wurden in die Büsche verlegt, die Toiletten ebenso. Von Komfort konnte nicht die Rede sein, und dennoch reiste angesichts dieser schwierigen Arbeits- und Lebensbedingungen niemand vorzeitig ab.

Da die Hütten auf wenig Raum aneinandergebaut waren, bildete sich sehr schnell eine Art Dorfleben heraus, bei dem jeder bald die Gewohnheiten der anderen mitbekam.

Wenn Bogie vor den Dreharbeiten alle möglichen Katastrophen auf sich zukommen gesehen hatte, lag er damit nicht völlig daneben. Eines Tages unternahmen er, Betty, Viertel und Katharine eine Bootsfahrt auf dem Kongo. Als der einheimische Bootsbesitzer den Motor anwerfen wollte, rührte sich nichts. Um herauszufinden, woran es liegen könnte, ging er in den Maschinenraum und zündete ein Streichholz an. Es kam, was kommen mußte: erst eine Stichflamme, dann eine laute Explosion, der Bootsbesitzer sprang mit brennenden Kleidern über Bord. Das Boot stand in Flammen und trieb davon. Ihr Glück war, daß am Ufer ein anderes Schiff vertäut lag, dessen Besatzung die Bootsleinen auffing, die Bogie und Viertel ihr zuwarfen. Sie wurden ans Ufer gezogen, wo Bogie mit Hilfe von Sandsäcken auch das Feuer löschen konnte. Daß die Explosion nur den Maschinenraum verwüstete und nicht alles in die Luft jagte, grenzte an ein Wunder.

Es blieb allerdings nicht bei diesem einen schweren Zwischenfall. Der zehn Meter lange Nachbau der »African Queen« mußte in der Regenzeit von einem Schleppschiff aus Uganda an den Drehort gebracht werden. Der Kontakt zu dem Schleppschiff riß ab, und man mußte es mit einem Flugzeug suchen. Die Mannschaft fand es erst, als der Zehntonner bereits am Sinken war. Bogie erzählte, daß einige Einheimische, die die Aufgabe hatten, auf das Schiff aufzupassen, nichts unternommen hätten, um es über Wasser zu halten: »Sie haben so lange zugeschaut, bis es auf Grund saß.« Da es weit und breit keinen Kran oder Ähnliches gab, mußte das Schiff per Hand geborgen werden. Zwei Tage lang zogen und zerrten alle Beteiligten an den Schiffstauen, bis die »African Queen« über Wasser war. Nach einem weiteren Tag war sie wieder manövrierfähig.

An Land war es allerdings auch alles andere als ungefährlich. Nicht nur, daß es von giftigen Schlangen wimmelte – Kathy Hepburn

John Huston, Katharine Hepburn und Humphrey Bogart während einer Drehpause

kam eines Tages kreischend aus dem Örtchen gerannt, weil sie dort auf eine Schwarze Mamba gestoßen war –, sie waren auch immer wieder ganzen Ameisenhorden ausgesetzt, die ihre Opfer gnadenlos zerbissen.

Mit dem Drehbuch gab es ebenfalls eine beträchtliche Zeit lang viel Ärger, denn einigen Beteiligten schien das Ende der Geschichte zuwenig nach dem Geschmack des Publikums zu sein. Forester hatte in seinem Roman die »African Queen« in einem Sturm kentern lassen, ehe sie ihre selbstgebastelten Tornados hatte abschießen können. Charlie und Rosie werden von dem deutschen Kanonenboot »Königin Luise« aufgenommen, wo sie freundlich behandelt und dann an die Briten ausgeliefert werden. Die Briten versenken das deutsche Schiff und lassen die beiden Liebenden ziehen, die nach jemandem suchen, der sie trauen kann. Es gab aber noch eine weitere Version, nach der der deutsche Kapitän einfach Milde walten läßt. Für einen Spielfilm ist das natürlich nicht wirkungsvoll genug, weshalb Huston ein Ende nach eigenem Gusto entwarf: Die »African Queen« läuft in einem Sturm auf Grund, Rosie und Charlie werden an Bord des deutschen Schiffs »Louisa« genommen, deren Kapitän die beiden wegen Spionage für den Feind zum Tode verurteilt. Charlie bittet den Kapitän, sie vor ihrem Tod zu trauen. Der Kapitän traut sie und will dann zur Exekution schreiten, doch bevor sie vollzogen werden kann, spritzt der Hulk der »African Queen« hoch und kollidiert mit der »Louisa«. Bei dem Zusammenprall werden die Torpedos in Gang gesetzt, die das deutsche Schiff versenken. Charlie und Rosie werden durch die Explosion befreit und paddeln an Land.

Katharine Hepburn hatte sich zunächst nicht nur am – schließlich veränderten – Schluß des Films gestört, sie hatte auch etliche andere Änderungswünsche, die Bogie, der zuvor noch nie mit ihr zusammengearbeitet hatte und sie auch sonst nicht kannte, zunächst voller Mißtrauen registrierte. Er argwöhnte, daß sie sich ihm gegenüber Platzvorteile verschaffen wollte, doch merkte er bald, daß es ihr tatsächlich ausschließlich um den Inhalt des Films ging, nicht um sich selbst. Da die meisten ihrer Vorschläge zudem gut waren, schloß er sich ihnen – häufig nach längeren Diskussionen – an.

Betty übernahm während der Dreharbeiten einen Teil der Logistik, z. B. die Beschaffung von Stühlen, Getränken oder auch der Verpflegung für ein Team, das immerhin vierzig Leute umfaßte. Sie war fast immer beschäftigt und verlor, selbst wenn es kritisch wurde, nie die Nerven. Für Bogie war ihre Anwesenheit zweifelsohne ein Trost, aber sicher auch für Katharine Hepburn, die es nicht selbst übernehmen mußte, Bogie zu beschwichtigen, wenn sein Unmut gelegentlich allzu heftig wurde.

Katharine Hepburn und Bogart waren in ihrer ganzen Gegensätzlichkeit für den Film ein Glücksgriff. Keine hätte die Kongo-Missionarin, die es als Krönung ihres Lebenswerks gesehen hätte, wenn ihr auch die Bekehrung ihres gottlosen Retters Charlie Allnutt (Bogart) gelungen wäre, überzeugender darstellen können. Auch Humphrey Bogarts Rolle war wie für ihn gemacht. Die anfangs so grämliche Rose löst sich im Laufe ihres Zusammenseins mit Charlie immer mehr aus ihrer Verknöcherung und scheint selbst große Freude daran zu haben, auch wenn sie es sich zunächst natürlich nicht eingestehen mag. Auch Allnutt verändert sich lang-

Die Tortur war überstanden: die Bogarts und Katharine Hepburn nach ihrer Rückkehr aus dem Urwald

sam, aber nicht so, daß Rose am Schluß ihren missionarischen Traum erfüllt sieht. Beide bewegen sich nur in dem Maß aufeinander zu, das es ihnen ermöglicht, einander mehr als nur zu ertragen. Für Bogie war diese Rolle ein Abstecher von seinem inzwischen arg eingefahrenen Rollenklischee. Es schien, als nähmen ihn Kritiker und Zuschauer dadurch wieder mehr wahr.

Als Bogie nach Europa zurückkehrte, schwor er, nie wieder einen Fuß auf afrikanischen Boden zu setzen.

Von Belgisch-Kongo aus ging's nicht direkt zurück nach Kalifornien, denn es waren noch einige Nacharbeiten an *The African Queen* nötig, die man in London durchführte. Während des sechswöchigen Aufenthalts in der britischen Metropole genossen sie das so lange entbehrte gesellschaftliche und gesellige Leben in vollen Zügen. Dabei lernten sie viele Leute kennen, die später gute Freunde wurden: Laurence Olivier und Vivien Leigh, Margot Fonteyn, Richard und Sybil Burton, Emlyn Williams und T. S. Eliot. Betty konnte es kaum fassen, daß sie mit sechsundzwanzig Jahren angeregt mit Leuten plauderte, die zum Teil absolute Spitzenrepräsentanten ihres Fachs waren. Aus dieser Zeit stammt auch Bettys große Liebe für London, wohin es sie später immer wieder zog.

Aber ihr größtes Glück war das Wiedersehen mit Steve, den sie während der gesamten Dreharbeiten nicht gesehen und der ihr so gefehlt hatte. Als er sie bei der Ankunft in London sofort wiedererkannte und nicht im geringsten fremdelte nach der langen Trennung von seinen Eltern, waren alle Sorgen vergessen.

Bogie seinerseits vergaß die Strapazen, die hinter ihm lagen, sehr schnell, zumal sich bald zeigte, daß sie sich rundum gelohnt hatten. Als *The African Queen* am 21. Februar 1952 in New York Premiere hatte, reagierten sowohl das Publikum als auch die Kritiker begeistert. Viele sprachen geradezu hymnisch von der besten schauspielerischen Leistung, die Bogart bis dahin geliefert habe, und das, nachdem man schon oft große Worte für sein Können gefunden hatte.

Der Film wurde in vier Kategorien für den Oscar nominiert: Hauptdarsteller, Drehbuch, Hauptdarstellerin und Regie. Außerdem war er einer der größten Kassenerfolge des Jahres 1952.

Oscar

Humphrey Bogart tat so, als würde ihm seine Nominierung nicht allzuviel bedeuten. Presseleuten erklärte er, daß Ehrungen im Schauspielerberuf nicht besonders aussagekräftig seien, es, sei denn, alle Kandidaten hätten die gleiche Rolle gespielt. Nur dann, so Bogart, könne man schauspielerische Leistungen wirklich miteinander vergleichen. Trotz seiner kühlen Fassade konnte er Betty nicht täuschen. Sie wußte sehr gut, daß er aufgeregt war und daß er sich über diese Auszeichnung enorm freuen würde, um so mehr, wo sie doch von der Branche verliehen wurde. Betty fieberte der Verleihungszeremonie viel offensichtlicher entgegen als ihr Mann. Sie warf sich groß in Schale – original Dior – und konnte es kaum aushalten, bis der Name des besten Hauptdarstellers verlesen wurde. Sie konnte kaum atmen vor Aufregung und preßte Bogies Hand, so fest sie nur konnte. Irgendwie mußte sie einfach einen Teil des ungeheuren Drucks ablassen.

Außer Bogart waren Arthur Kennedy für *Bright Victory* (Sieg über das Dunkel), Fredric March für *Death of a Salesman* (Tod eines Handlungsreisenden), Montgomery Clift für *A Place in the Sun* (Ein Platz an der Sonne) und Marlon Brando für *A Streetcar Named Desire* (Endstation Sehnsucht) nominiert. Kaum einer glaubte, daß Bogart gegen Marlon Brando, den neuen Kometen an Hollywoods Sternenhimmel und herausragenden Vertreter des noch relativ jungen *Method Acting,* eine realistische Chance hatte. Hinzu kam daß *A Streetcar Named Desire* am selben Abend bereits seiner Hauptdarstellerin Vivien Leigh – »arme Katie«, war Bettys Kommentar dazu –, seinem Nebendarsteller Karl Malden und seiner Nebendarstellerin Kim Hunter einen Oscar eingebracht hatte.

Greer Garson machte der unerträglichen Spannung ein Ende, als sie die Bühne betrat und nach ein paar einführenden Worten verkündete, daß Humphrey Bogart der beste Hauptdarsteller des Jahres sei. Ein Aufschrei ging durchs Publikum. Betty machte einen Luftsprung, Bogie küßte sie, und dann ging er durch das tobende Publikum vor zur Bühne. Erst war er noch der Bogie, den man kannte: »Es ist ein langer Weg von Belgisch-Kongo auf die Bühne dieses Saales. Und hier ist es auf jeden Fall schöner.« Doch dann ging die Ergriffenheit mit ihm durch. Er dankte allen: Katie, Huston, Sam Spiegel, Betty. Er fügte hinzu, daß er nur deshalb zu dieser Leistung fähig gewesen sei, weil Katie und John Huston ihn

Ein solch durchschlagender Erfolg verdient es wirklich, in Wachs verewigt zu werden

entsprechend gefordert hätten. Er wurde ganz bescheiden. Seine Stimme wurde rauh. Vorbei war es mit der Gelassenheit, die er zuvor noch der Presse vorgeführt hatte. Daß man ihn in Hollywood doch so schätzte, was er nicht für möglich gehalten hatte, rührte ihn. Der Aufschrei im Saal, als sein Name verkündet wurde, war ein einziger, lauter Sympathiebeweis. So was läßt auch einen Bogart nicht kalt.

Nach der Verleihung feierten die Bogarts mit ihren Freunden ausgiebig bei Romanoff's. Auch Katie, die sonst immer so früh zu Bett ging, machte eine Ausnahme und gesellte sich zu ihnen – und das, obwohl Vivien Leigh ihr ihre Statue weggeschnappt hatte. Sie schien allerdings überhaupt nicht traurig darüber zu sein. Sie freute sich mit Bogart, der ihrer Ansicht nach diese Ehrung schon lange verdient hatte.

Nr. 75: Schmutziger Lorbeer

Nach dem Oscar, den er für *The African Queen* bekommen hatte, war Humphrey Bogart für die Studiobosse beinahe unantastbar geworden. Früher war er der Superstar, weil er als »Typ« einzigartig war, seit seinem Oscar war er für sein schauspielerisches Können zu höchsten Ehren gekommen. Und mit diesem Pfund konnte er nun wuchern.

Er allein bestimmte jetzt, welche Rollen er spielen wollte, und die Einschränkung in seinem Vertrag, daß er nur zwei von drei Drehbüchern ablehnen dürfe, war nur de facto Makulatur.

Bogart machte allerdings aus dieser Freiheit nicht das Allerbeste, denn sieht man sich die Filme die er nach *The African Queen* gemacht hat an, kommt man nicht um die Feststellung herum, daß er öfter danebengegriffen hat.

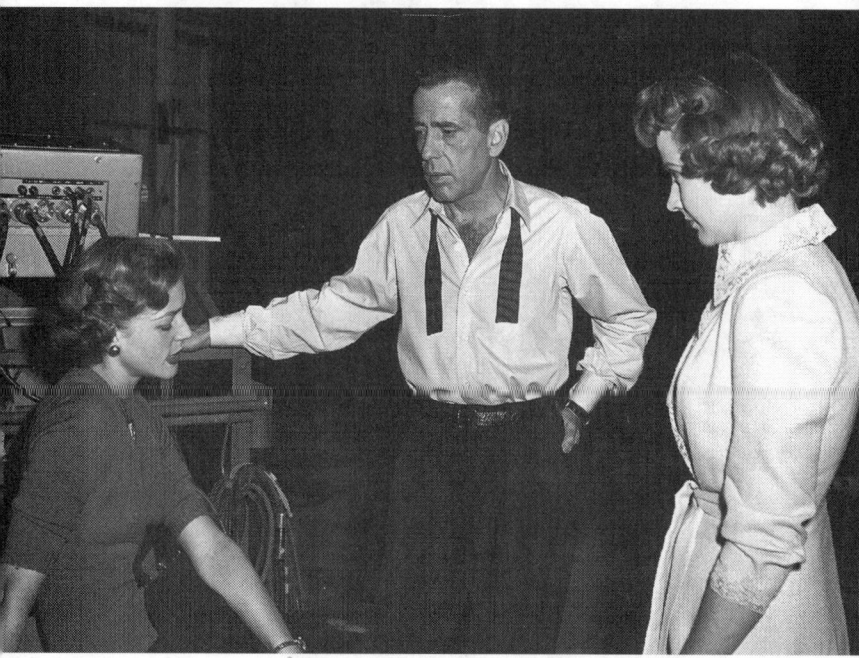

Betty besucht ihren Mann während der Dreharbeiten zu ›Deadline USA‹ (Die Maske runter). Rechts Kim Hunter

Auch wenn die Familie absoluten Vorrang hatte, stand Lauren Bacall noch manchmal vor der Kamera: ›Blood Alley‹ (Der gelbe Strom)

1952 drehte Bogart unter der Regie von Richard Brooks, der bis dahin mehr als Drehbuchautor denn als Regisseur in Erscheinung getreten war, den eher mäßigen *Deadline USA* (Die Maske runter). Der Film litt spürbar unter dem viel zu ambitionierten Drehbuch, das ebenfalls von Richard Brooks stammte. Doch konnte er Bogies Ruhm nicht beeinträchtigen.

Das Jahr 1952 war für Bogie aber nicht nur wegen seines Oscars denkwürdig, sondern auch in familiärer Hinsicht.

Betty wollte ein zweites Kind, denn Steve war bereits drei Jahre alt, und sie hatte wohl das Gefühl, daß sich bald etwas tun müsse, wenn Stevie kein Einzelkind bleiben sollte. Dieser Gedanke gefiel ihr nicht besonders, schließlich war sie als Einzelkind aufgewachsen und wußte, was das hieß.

Betty war klar, daß sie Bogie vorsichtig darauf vorbereiten mußte, und sie tat es. Er meinte nur scherzhaft, daß er nichts gegen ein zweites Kind habe, wenn Betty ihm garantiere, daß es genauso wie Stevie werden würde.

Mit ihrer zweiten Schwangerschaft hatte Betty größere Probleme als mit der ersten. Sie hatte den bei Schwangeren häufig auftretenden Wasserstau in den Arm- und Beingelenken und außerdem hin und wieder Probleme mit dem Kreislauf.

Sie mutete sich auch einiges zu. Da sie das Gefühl hatte, daß das alte Haus für eine vierköpfige Familie zu klein sei, machte sie sich auf die Suche nach einem größeren. Bogie schauderte es bei dem Gedanken, daß sich mit einem größeren Haus sein Lebensstil noch mehr dem durchschnittlichen Hollywood-Lebensstil annähere, doch gegen Bettys energischen Willen war kein Kraut gewachsen.

Familie Bogart – nach Leslies Geburt komplett

Sie wurde bald fündig: Das Haus war im französischen Kolonialstil gehalten, hatte eine Menge Zimmer, viele Balkons und einen Tennisplatz. Ein Swimming-Pool war allerdings nicht dabei. Betty war Feuer und Flamme für das Haus, doch weil es so hochherrschaftlich wirkte, bekam Bogie noch einmal Bedenken. Zwar gefiel ihm das Haus auch sehr gut, doch fand er, daß es für Schauspieler ein wenig überdimensioniert sei. Betty überzeugte ihn davon, daß es dieses und kein anderes sein müsse.

Betty hatte nach den inzwischen sieben Ehejahren nicht nur ihre kindheitsbedingte Scheu vor großen Ausgaben hinter sich gelassen, sie war auch erheblich statusbewußter geworden, was viele ihr insgeheim ankreideten. Bogie setzte nicht mehr so selbstverständlich wie früher die Maßstäbe, Betty tat immer häufiger, was sie selbst für richtig hielt, auch wenn es sich nicht völlig mit dem deckte, was ihr Mann sich vorstellte. Sie war entschieden selbstbewußter geworden.

Sie verbrachte einen großen Teil ihrer Schwangerschaft damit, das neue Haus nach ihrem Geschmack zu möblieren, und man hat den Eindruck, als hätte sie diese zweite Schwangerschaft längst nicht mehr so aufmerksam und euphorisch beobachtet. Das zweite Kind war zwar keine Routine, aber es wurde nicht mehr so sehnlich herbeigewünscht wie Stevie.

Am Nachmittag des 22. August 1952 setzten die Wehen ein, und zwei Minuten nach Mitternacht, am 23. August, kam Leslie Bogart auf die Welt. Die Kleine wurde zu Ehren Leslie Howards auf diesen Namen getauft, weil Bogie seine große Karriere schließlich der Tatsache verdankte, daß Howard sein Versprechen gehalten und Bogie auch für die Verfilmung von *The Petrified Forest* durchgesetzt hatte.

Vor Leslie hatte Bogie noch viel mehr Respekt als er es vor Stevie gehabt hatte. Denn »Baby« war für ihn bereits ein Synonym für Zerbrechlichkeit, aber nun auch noch ein weibliches Baby ...

Auch das zweite Kind stellte das Leben der Bogarts nicht auf den Kopf. Bogie arbeitete wie eh und je und begann, kaum daß *Deadline USA* abgedreht war, mit seinem nächsten Film. *Battle Circus* (Arzt im Zwielicht) zeigt Bogart als einen Major in einem Feldlazarett während des Koreakriegs, ohne den Zuschauer begeistern zu können.

Dafür machte Betty 1953 einen Film, der das Publikum in Scharen ins Kino zog und auch bei den Kritikern großen Anklang fand. Es war *How to Marry a Millionaire* (Wie angelt man sich einen Millio-

Lauren Bacall in ihrem letzten großen Filmerfolg: ›How to Marry a Millionaire‹ (Wie angelt man sich einen Millionär)

när?), in dem drei ewig in Geldnot steckende Models auf der Suche nach einem heiratsfähigen und -willigen Millionär sind. Nach etlichen Wirrungen sind am Ende alle drei unter der Haube, aber nur eine von ihnen hat sich mit Sicherheit den gewünschten Millionär geangelt – es war Betty – allerdings ohne von ihrem Glück zu wissen. Der Film lebt nicht nur von seinem geglückten Timing, sondern auch von der ausgeglichenen Besetzung. Neben Betty Bacall standen Marilyn Monroe und Betty Grable vor der Kamera. Die Zusammenarbeit mit Betty Grable muß offenbar völlig problemlos verlaufen sein, dafür gab es mit Marilyn Monroe oft enorme Probleme, da sie immer wieder davon überzeugt werden mußte, daß sie wesentlich besser war, als sie von sich glaubte. Wenn sie eine Einstellung nicht für perfekt hielt, ließ sie sie stets von neuem

Ava Gardner und Humphrey Bogart in ›The Barefoot Contessa‹ (Die barfüßige Gräfin)

drehen, und wenn Betty Bacall sich nicht falsch erinnert, dann konnte das bis zu fünfzehnmal sein.

Trotzdem waren die beiden Bettys nicht erzürnt über Marilyn. Sie spürten, daß sie in großen Nöten steckte und versuchten, ihr zu helfen. Doch wenn sie das taten, scheiterten sie meistens daran, daß Marilyn Monroe niemanden an sich heranließ.

Daß nun auch Betty nach langen Jahren mit einem Film wieder einen großen Erfolg hatte, machte ihren Bekannten wenigstens vorübergehend wieder bewußt, daß sie auch Schauspielerin war. Aber eben nur vorübergehend. Ihre Hauptrolle spielte sie doch im wesentlichen als Frau und Mutter. Dabei gefiel ihr diese Rolle nicht schlecht. Sie genoß es, daß sie im gesellschaftlichen Leben Hollywoods nun die Nummer eins waren, und sie hatte inzwischen gelernt, wie man eine Party zu einem großen Erfolg macht. Bogie, dem sie einst in ihrer Bewunderung alles von den Augen abgelesen hatte, wußte sie nun auch immer besser nach ihren Vorstellungen zu steuern, was nicht heißt, daß er zum zahnlosen Hund wurde. Wenn ihm danach war, wetzte er seine spitze Zunge bis kurz vor dem Eklat an Leuten, die vor Verblüffung nicht mehr wußten, wie sie reagieren sollten. Von seinem Sarkasmus, der oft auch in Zy-

nismus überging, hat sich Betty im Laufe der Jahre einiges ange-
eignet. Auch das trug nicht gerade zu ihrer Beliebtheit bei. Wenn
Bogie die Leute boshaft aufs Korn nahm, wurde es eher akzeptiert
als bei ihr. Eine Frau, die Vorstellung hatte man damals anscheinend noch viel ungebrochener als heute, muß eben anschmiegsam
sein.

Die vielen Feste, die die Bogarts gaben, lähmten Bogies Arbeitsei-
fer nicht.

1953 drehte er unter John Huston *Beat the Devil* (Schach dem Teufel), und als er sich entschied, in diesem Film mitzuwirken, hat er
sich wohl eher auf die bewährte Zusammenarbeit mit seinem guten
Freund verlassen als auf die Qualität des Drehbuchs, das, obwohl
von Huston und Truman Capote geschrieben, eben nicht die Vorlage für einen großen Film bot.

1955 drehte er drei Filme, die zu seinen erfolgreichsten gehören:
The Caine Mutiny (Die Caine war ihr Schicksal), *Sabrina* und *The
Barefoot Contessa* (Die barfüßige Gräfin).

Die Vorlage für *Die Caine war ihr Schicksal* war der gleichnamige
Bestseller von Herman Wouk. Die Besetzung war erstklassig und

*Für die Rolle des Captain Queeg wurde Bogart noch einmal für einen Oscar
nominiert*

der Stoff so, daß Bogart in der Rolle des Kapitän Queeg eine seiner besten schauspielerischen Leistungen bot. Er wurde nicht zu unrecht für einen Oscar nominiert, doch erhielt diesmal Marlon Brando für seine Darbietung in *On the Waterfront* (Die Faust im Nacken) den Vorzug.

Sabrina war für Bogie einer der ärgerlichsten Filme, den er je gemacht hat. Billy Wilder, der Regie führte, hatte eigentlich Cary Grant für die Hauptrolle haben wollen, doch hatte der kurzfristig abgesagt. Bogie war also nur zweite Wahl. Weshalb er dennoch zusagte, ist nicht bekannt. Denn daß er von seinem Kostar William Holden nichts hielt, das wußte Bogie bereits seit 1939, als er mit ihm in *Invisible Stripes* (Zwölf Monate Bewährungsfrist) zusammen vor der Kamera gestanden war. Holden war damals ganze 21 Jahre alt, aber Bogie ließ zu jener Zeit schon alle, auch den jungen Mann selbst, wissen, daß er von dessen schauspielerischen Fä-

Es gab nicht viele Parties, auf denen die Bogarts fehlten: Diesmal war Clifton Webb der Gastgeber

146

Die Bogarts mit Ava Gardner während einer Drehpause in Portofino

higkeiten überhaupt nichts halte. Auch während der Dreharbeiten zu *Sabrina* hielt er mit seiner Verachtung für den Jüngeren nicht hinter dem Berg, weshalb die Atmosphäre auf dem Set häufig unerträglich gespannt war.

Auch Audrey Hepburn, die die weibliche Hauptrolle spielte, bekam Bogies Unlust an diesem Film zu spüren. Er muß in einer

Tour an ihr herumgestichelt haben. Aber auch dafür gab es einen Grund – zumindest aus Bogies Sicht –, schließlich hatte sich das Rehlein darüber beklagt, daß er in den gemeinsamen Liebesszenen außerordentlich nervös sei. Bogie in Liebesszenen nervös! Und das bei seinem Image. In diesem Fall mußte er giftig werden.

Trotz dieser unangenehmen Drehbedingungen wurde der Film ein großer Erfolg, einer der größten des Jahres 1954, aber einer, an dem Bogie keine große Freude hatte. Als Clifton Webb ihn kurz nach der Fertigstellung des Films fragte, wie denn das Traummädchen Hepburn gewesen sei, antwortete Bogie lakonisch: »Ganz in Ordnung, wenn's einen nicht stört, alles x-mal zu drehen.«

Nicht weniger erfolgreich war *The Barefoot Contessa*, in dem sämtliche Darsteller nur um die strahlend schöne Ava Gardner herumgruppiert sind. Die Kritiker waren geteilter Meinung, und Pauline Kael schrieb, der Film sei ein Aschenputtel-Märchen, bei dem sich aber am Ende herausstelle, daß der Prinz impotent sei. Dem Publikum gefiel's.

Betty hatte ihren Mann zu den Dreharbeiten zu *Die barfüßige Gräfin* nach Italien begleitet und drehte deshalb in diesem Jahr nur einen Film. *Woman's World* (Die Welt gehört der Frau) entstand wieder unter der Regie von Jean Negulesco, wie schon *How to Marry a Millionaire*. *Woman's World* wurde längst kein so großer Erfolg wie der vorige Film, doch gehört er zu den besseren Filmen von Lauren Bacall.

Betty und Bogie hatten inzwischen enge Freundschaft mit Frank Sinatra geschlossen, der zu dem Zeitpunkt, als *Die barfüßige Gräfin* gedreht wurde, gerade versuchte, die für ihn sehr schmerzvolle Trennung von Ava Gardner, die seine zweite Frau gewesen war, zu verarbeiten. Sinatra gehörte bald zum engsten Freundeskreis der Bogarts, und für Betty sollte er nur wenige Jahre später eine noch viel größere Bedeutung bekommen.

Für die Bogarts war das Leben trotz der vielen Feste ruhig und von Arbeit bestimmt. Bogie konnte nun mit seinem Sohn sehr viel mehr anfangen als am Anfang, und um Leslie kümmerte er sich um so mehr, je älter sie wurde. Er hatte lange gebraucht, um in die Rolle eines Vaters hineinzuwachsen, aber als er es schließlich geschafft hatte, machte es ihm richtig Spaß. Betty war es dank der Hausangestellten und des Kindermädchens auch gelungen, nicht zur nichtssagenden Mutti zu werden, die nur noch an ihre Kleinen denkt. Bogarts Angst war in diesem Punkt völlig unbegründet gewesen. Betty, und das bescheinigen ihr nahezu alle, die damals zu ihrem Bekanntenkreis gehörten, hat sich hier überaus geschickt verhalten, auch wenn es ihr, wie sie erzählt, nicht immer leicht gefallen ist, ihre Veranlagung zur Glucke zu unterdrücken.

Bogie machte in den nächsten beiden Jahren nur Filme, die unter der Rubrik »weniger geglückt« laufen. 1955 drehte er *We're No Angels* (Wir sind keine Engel), in dem er mit Peter Ustinov vor der Kamera stand. Die Kritiker waren sich darin einig, daß die Verfil-

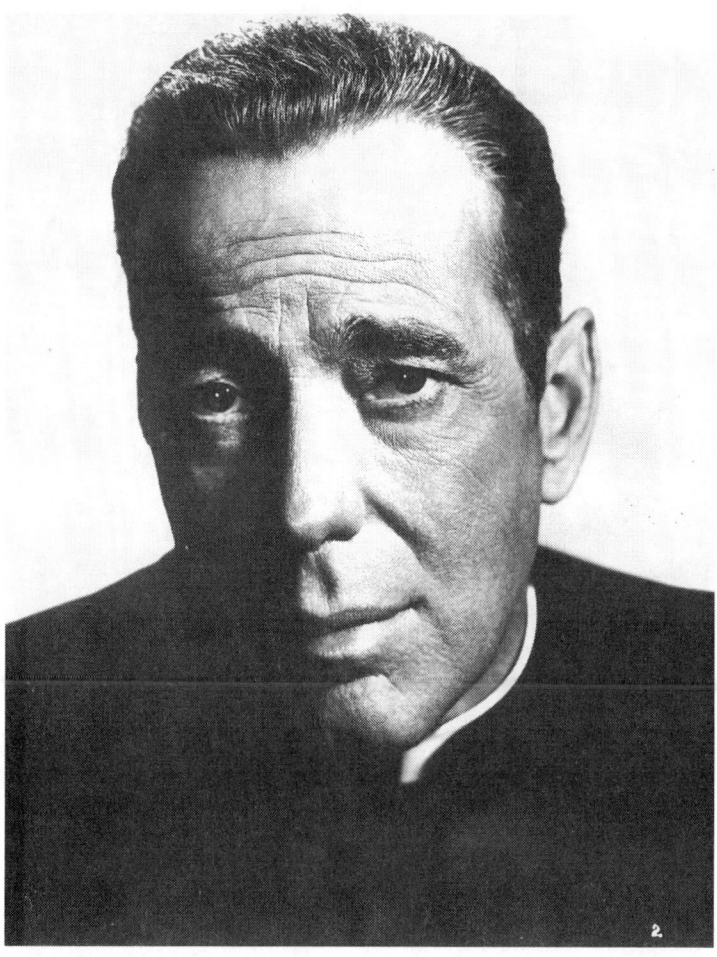

›*The Left Hand of God*‹ (*Die linke Hand Gottes*) – *einer der schwächsten Filme Bogarts*

Die Bogarts bei der Premiere von › The Left Hand of God‹

mung des überaus erfolgreichen Bühnenstücks *My Three Angels* vor allem an Michael Curtiz gescheitert ist.

Im gleichen Jahr spielte er in *The Left Hand of God* (Die linke Hand Gottes) einen Flieger, der sich in einem Priestergewand vor der Kriegsgefangenschaft rettet, wobei sich die Soutane, die er trägt, auf sein Verhalten auszuwirken scheint. Der Film ist genauso mißlungen, wie es diese kurze Inhaltsangabe vermuten läßt.

Nach *The Desperate Hours* (An einem Tag wie jeder andere) drehte Bogie 1956 mit *The Harder They Fall* – der deutsche Titel ist *Schmutziger Lorbeer* seinen 75. und letzten Film, in dem er eine Sprechrolle hatte. Darin verkörpert er einen ehemaligen Sportjournalisten, der auf der Jagd nach dem großen Geld vorübergehend seine journalistischen und menschlichen Tugenden vergißt, dann aber gerade noch rechtzeitig wieder zur Besinnung kommt und sich daran macht, das elende Geschiebe im Boxsport, an dem er sich selbst kurzfristig beteiligt hat, in einer Artikelserie an den Pranger zu stellen.

Schon während der Dreharbeiten zu diesem Film fiel Betty und seinen Freunden auf, daß sein Husten, den er als Raucher immer gehabt hatte, in letzter Zeit stärker geworden war. Bogie ging nur im äußersten Notfall zum Arzt. Es war einer.

Langsames Sterben

Allem Anschein nach ließ das Leben der Bogarts keine Wünsche offen. Das Familienleben verlief harmonisch, daran konnten auch gelegentliche Kräche zwischen den Eheleuten nichts ändern. Die Kinder entwickelten sich prächtig, Bogie hatte seine erfolgreiche Schauspielerkarriere und seine »Santana«, und daß Betty für ihren Beruf kaum etwas tun konnte, bereitete ihr keine besonderen Probleme. Als 1956 mit der Verfilmung von John P. Marquands Roman *Melville Goodwin, U. S. A.* sogar wieder ein Bogart-Bacall-Film geplant war, schien sich zudem noch ein großer Wunsch Bettys zu erfüllen. Aber das Leben meinte es doch nicht so gut mit ihr, wie sie lange Zeit geglaubt hatte.

Eines Tages kam Bogart nach Hause und erzählte ihr, daß Greer Garson ihm geraten habe, wegen seines bedenklichen Hustens zu einem Internisten zu gehen. Sie empfahl ihm Dr. Maynard Brandsma, der in der Beverly-Hills-Klinik arbeitete. Auf Greer

Humphrey Bogart in seinem letzten Film, ›The Harder They Fall‹ (Schmutziger Lorbeer). Rechts Mike Lane

*Die Tage, an denen er noch mit seiner »Santana« auf Fahrt gehen konnte,
waren gezählt*

Garsons Drängen hin ging er tatsächlich zu diesem Arzt, der zu-
nächst eine Entzündung in der Speiseröhre diagnostizierte. Einige
Tage später mußte Bogart einen Sputumtest machen. Zu diesem
Zeitpunkt machten sich weder er noch Betty allzu große Sorgen.

Sie hatten inzwischen Kostümproben für ihren geplanten gemeinsamen Film. Betty war richtiggehend euphorisch. Bogie dachte schon viel weiter; er hatte vor, bei Columbia *The Good Shepherd* für seine eigene Produktionsfirma zu drehen.

Einige Tage nach dem Sputumtest rief Dr. Brandsma an und vereinbarte mit Bogie einen neuen Termin. Diesmal mußte eine Bronchienspiegelung gemacht werden, da der Test einige Abweichungen ergeben hatte, die man über diese Spiegelung genauer bestimmen wollte. Die Bogarts dachten noch immer an nichts Böses, glaubten an eine Infektion oder etwas Ähnliches. Allerdings begann Bogie zu diesem Zeitpunkt bereits, Gewicht zu verlieren. Bei seinen fünfundsechzig Kilo konnte er sich das kaum leisten. Außerdem hatte er erhebliche Schluckbeschwerden. Es dauerte nicht lange, da konnte er überhaupt nichts mehr essen.

Beim nächsten Sputumtest stellte sich heraus, daß Bogie dringend operiert werden mußte. Da diesmal bereits doppelt soviel bösartige Zellen wie beim ersten Mal gefunden wurden, mußte er unbedingt den Drehbeginn seines nächsten Films verschieben. Bogie dachte an die hohen Kosten, die eine Verzögerung des Drehbeginns verursachen würde, und fragte den Arzt, ob man mit der Operation nicht noch etwas warten könne. Doch der erklärte ihm, daß man froh sein müsse, die Krankheit so früh entdeckt zu haben, nun müsse man auch sofort handeln.

Die Bogarts reagierten auf diese Nachricht relativ nüchtern, Betty meinte, daß das vor allem daran lag, weil man von Medizin und von Krebs im besonderen keine Ahnung gehabt habe. Sie bereiteten ihre Kinder darauf vor, daß ihr Vater einige Wochen nicht nach Hause kommen würde. Und ehe er sich in die Klinik begab, feierten sie mit ihren engsten Freunden noch ein rauschendes Fest. Erst später erfuhr Betty, daß die meisten von ihnen mit großer Beklemmung mitgefeiert hatten.

Am 29. Februar 1956 fuhren Bogie und Betty in die Klinik. Bogie bezog ein Zimmer mit einem kleinen Nebenraum, in dem Betty übernachten konnte, wenn sie wollte. Man rasierte ihm die Brust, und am nächsten Morgen um sieben begann die Operation. Man entfernte ihm die Speiseröhre und zwei Lymphknoten, außerdem wurden Gewebeproben entnommen. Um den Magen in eine andere Lage zu bringen, mußte man ihm auch den Bauch öffnen. Die Operation dauerte fast zehn Stunden. Betty, die die ganze Zeit auf dem Krankenhausflur gewartet hatte, wurde nach Hause ins Bett geschickt, damit sie frisch sei, wenn Bogie aufwache. Sie erhielt

Sohn Steve verstand lange nicht, was mit seinem Vater geschah

einen Anruf nach dem anderen. Alle fragten sie nach Bogies Zustand.

Betty bekam beinahe einen Schock, als Bogie in sein Zimmer gebracht wurde: alles voller Infusionsflaschen und Schläuche, er

selbst fürchterlich verschwollen und ganz fremd. Es dauerte Stunden, bis er aus der Narkose aufwachte.

Und schon warteten neue Strapazen auf ihn: Lungenwäsche, Untersuchungen, Lungenwäsche, Untersuchungen. Die Schwellungen gingen langsam zurück, seine Narben heilten gut, bis eine Woche nach der Operation durch einen Hustenanfall die Bauchwunde wieder aufplatzte. Nach einem kurzen Eingriff war sie wieder geschlossen, und Betty, die es als erste bemerkt hatte, blieben weitere Dramen dieser Art erspart.

Bogie erholte sich sehr langsam, aber er durfte wieder nach Hause. Wenn Betty die Ärzte wegen seines Gesundheitszustandes befragte, wollten sie ihr keine eindeutigen Antworten geben. Sie erklärten ihr lediglich, daß ihr Mann bestrahlt werden müsse.

Während seines Krankenhausaufenthalts hatte Bogie ziemlich viel Gewicht verloren. Da er kaum Essen zu sich nehmen konnte, nahm er auch zu Hause kaum zu, wurde aber ansonsten Tag für Tag kräftiger. Die unmittelbaren Folgen der Operation machten ihm nicht mehr so sehr zu schaffen. Er verbreitete einen ungeheuren Optimismus, der seinen zahlreichen Besuchern imponierte und Mut machte. Das einzige, was er fürchtete, war die Bestrahlung, die fürs erste auf acht Wochen angesetzt war – fünfmal pro Woche. Zu diesem Zeitpunkt hatten sich weder er noch Betty Gedanken über den Tod gemacht. Beide glaubten, daß die Behandlung erfolgreich verlaufen würde. Die ersten fünf Bestrahlungen überstand Bogie noch ziemlich gut, doch nach der zweiten Woche fühlte er sich sehr elend. Er hatte überhaupt keinen Appetit mehr. Die Ärzte wußten keinen Rat.

Erst als Bogies Anwalt erklärte, daß ein neues Testament geschrieben werden müsse, wurde Betty klar, wie ernst es um ihren Mann stand. Es kostete sie alle Kraft, so zu tun, als glaube sie auch jetzt noch an eine Heilung, wo doch die Tatsachen immer deutlicher dagegen sprachen. Als die acht Behandlungswochen vorüber waren, ging es Bogie schlechter denn je. Die Ärzte erklärten ihm, daß er sich zwei Wochen nach den Bestrahlungen wesentlich besser fühlen würde. Es dauerte etwas länger, doch dann begann er ein wenig zuzunehmen. Er wurde wieder so kräftig, daß er sogar ein Wochenende auf seinem geliebten Boot verbringen konnte.

In dieser Phase übernahm Betty eine Rolle in *Designing Woman* (Warum hab' ich ja gesagt?), nur um nicht völlig in der häuslichen Tristesse zu versinken. Sie glaubte, daß sie nur dann noch Kraft und Hoffnung ausstrahlen könne, wenn sie das vermied. Bogie lebte in dem Glauben, daß es nun stetig mit ihm bergauf gehen würde, und machte gleich wieder Pläne für *The Good Shepherd.* Doch die Besserung hielt nicht an. Sein Gewicht blieb konstant niedrig, und sein Leben stand im Zeichen des Kampfes um jedes Gramm Zunahme.

An gemeinsame Reisen war nicht mehr zu denken, obwohl Bogie bis zum letzten Tag nie vom Tod sprach

Schon vom Tod gezeichnet: Familie Bogart um Weihnachten 1956

Im Herbst stellten sich Schmerzen in der linken Schulter ein. Sein Leben ohne Arbeit fiel ihm immer schwerer, aber es war ihm klar, daß er mit knapp dreißig Pfund Untergewicht nicht arbeitsfähig war. Betty versuchte ihm Mut zu machen. Doch es half nichts. Er wurde immer dünner. Er mußte noch einmal für fünf Tage ins Krankenhaus, wo man seine Schulter mit Spezialkompressen behandelte. Bogies Schmerz an dieser Stelle, befürchteten die Ärzte, sei ein Anzeichen dafür, daß der Krebs sich weiter ausgebreitet hatte.

In dieser Zeit gehörten Frank Sinatra, Katharine Hepburn und Spencer Tracy zu den treuesten Freunden. Sie riefen regelmäßig an und schauten auch dann noch vorbei, als andere Bogies Anblick nicht mehr ertragen konnten. Betty hielt jedoch auch viele Freunde von ihm fern, weil sie fürchtete, daß ihren Mann deren entsetzte Reaktionen sehr aufregen würden. Bogie konnte sich inzwischen nicht mehr selbständig bewegen, weshalb Betty einen Krankenpfleger ins Haus holte.

Bogie kämpfte bis zum Letzten. Seine Ärzte waren der Ansicht, daß er Übermenschliches leistete. Er überstand unter Aufbietung aller Kräfte noch das Weihnachtsfest des Jahres 1956. Das Fest verlief traurig. Körperlich war Bogie nur noch ein Schatten seiner selbst. Er war nun völlig abhängig von der Hilfe anderer, aber er verlor die Hoffnung nie. Immer häufiger verabreichte sein Arzt ihm schmerzstillende Mittel, dennoch sprach er mit Betty nie über seinen Tod. Er gab ihr keine Anweisungen für die Zeit nach ihm; er tat, als würde er nie von ihr gehen. Niemand weiß, ob Humphrey Bogart wirklich nicht wußte, daß er zum Sterben verurteilt war, oder ob er nur so tat. Am Ende konnte er auch aus seinem großen Optimismus keine Kräfte mehr schöpfen. Humphrey Bogart starb in der Nacht des 14. Januar 1957.

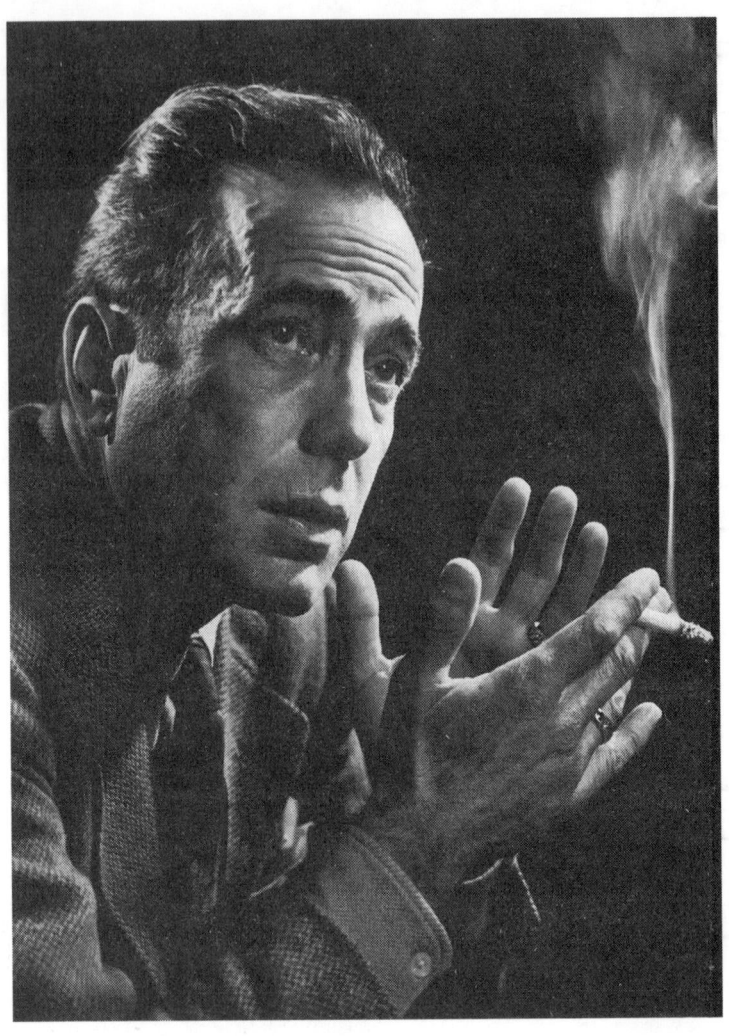

So hat ihn die Nachwelt in Erinnerung

Betty – das Leben danach

Eine von Bettys herausragenden Eigenschaften war und ist ihre eiserne Entschlossenheit. Was sie sich vornimmt, versucht sie mit all ihrer Energie zu erreichen, und zwar auf dem schnellsten Weg. Doch nach Bogarts Tod fühlte sie sich lange Zeit völlig kraftlos. Es dauerte fast drei Monate, bis sie zum erstenmal wieder eine Einladung bei Freunden wahrnahm.

Betty hatte um Bogarts und der Familie willen ihre eigene Karriere praktisch aufgegeben, daher hatte sie nichts, womit sie sich in der Phase des größten Schmerzes ablenken konnte. Arbeit als Therapie fiel aus. Zwar versuchte sie an Rollen heranzukommen, doch mußte sie voller Bitterkeit feststellen, daß Hollywood keine Verwendung für sie hatte. An sich war das kein Wunder, denn ihre beiden letzten Filme vor Bogies Tod, *Designing Woman* und *Written on the Wind* (In den Wind geschrieben), waren bestimmt nicht berauschend gewesen. *Written on the Wind* war ein kitschiges Melodram, in dem sie kaum besser war als die Geschichte. In *Designing Woman* entfaltete sie zwar temperamentvoll ihr komisches Talent, dafür scheiterte der Film diesmal an dem ewig faden Gregory Peck. An diesen Filmen wurde sie in Hollywood nun gemessen.

Nach Bogies Tod verließ sie einige Monate lang kaum das Haus. Sie hatte nur mit wenigen Menschen Kontakt und mußte außerdem feststellen, daß ihr nun, da ihr Mann tot war, nur wenige Freunde blieben. Sie konnte sie an einer Hand abzählen – und das, nachdem sie und Bogie jahrelang im Zentrum der Gesellschaft Hollywoods gestanden hatten. In ihrer Autobiographie deutet Betty ihre tiefe Enttäuschung darüber nur an, aber man kann sich leicht vorstellen, wie schlimm das nach ihrem großen Verlust für sie gewesen sein muß.

Einer, der sich auch jetzt, wo im Hause Bogart keine glänzenden Feste mehr gefeiert wurden, noch sehr um Betty kümmerte, war Frank Sinatra. Er hatte schon immer zum engsten Freundeskreis der Bogarts gehört und hatte, wie sich im nachhinein herausstellte, im Gegensatz zu vielen anderen auch Betty in diese Freundschaft einbezogen.

Er rief sie regelmäßig an. Die Telefongespräche wurden häufiger und länger, und eines Tages stellte Betty fest, daß sie von diesen Gesprächen abhängig war. Sie hatte sich in Sinatra verliebt. Die Beziehung wurde immer intensiver, doch litt Betty sehr unter Sina-

Betty nach der Beerdigung ihres Mannes

tras Labilität und Unzuverlässigkeit. Er konnte wochenlang wie
eine Klette sein und sich dann übergangslos ebenso lange nicht
mehr hören und sehen lassen. Betty ließ sich davon nicht abschrek-
ken. Sie hielt an ihm fest. Die beiden hatten schließlich sogar vor
zu heiraten, doch als die Presse etwas übereilt von ihrer bevorstehenden Hochzeit berichtete, scheint Sinatra kalte Füße bekommen zu haben. Plötzlich war nämlich alles vorbei. Ohne irgendeine
Erklärung. Betty wurde es zuviel. Erst Bogies Tod, dann eine
Herzattacke ihrer Mutter, schließlich der Tod ihres Onkels und
Vaterersatzes Charlie. Sie packte ihre Koffer und flog nach Spa-
nien, wo sie viele Wochen mit Howard Hawks' Exfrau »Slim« verbrachte, die ihre eigentliche Entdeckerin war. Nachdem sie sich

erholt hatte, kehrte sie nach Amerika zurück. Das Haus in Hollywood wurde verkauft, denn sie wollte in ihre Geburtsstadt New York zurückkehren und dort am Theater arbeiten. Die Kämpferin Betty schaffte auch, was sie sich vorgenommen hatte. Gleich ihr erster Autritt am Broadway, in George Axelrods Stück *Good-bye Charlie,* machte sie dort zum Star. Sie konnte sich am Broadway etablieren und ihren Starstatus untermauern. Auch deshalb machte sie kaum noch Filme. Die wenigen, die sie nach Bogies Tod noch drehte, sind kaum der Rede wert: *The Gift of Love* (Geschenk der Liebe), *Flame over India, Shock Treatment* (Der Mörder mit der Gartenschere), *Sex and the Single Girl* (... und ledige Mädchen), *Harper* (Ein Fall für Harper), *Murder on the Orient Ex-*

Hunderte gaben Humphrey Bogart das letzte Geleit

press (Mord im Orientexpreß), *The Shootist* (Der Shootist), *The Fan* (Der Fanatiker), *Health*. Einige dieser Rollen waren einfach nur Cameo-Rollen. Und in ein All-Star-Picture wie *Murder on the Orient Express* gehört nun mal auch eine Lauren Bacall.

Ihre Erfolge auf der Bühne lassen sich da eher sehen: 1965 wurde sie für ihren Auftritt in *Die Kaktusblüte* gefeiert; für die Rolle der Margo Channing in dem Musical *Applause* – einer Musical-Fassung von *All About Eve,* in dem Bette Davis die Margo gespielt hatte – erhielt Betty 1970 sogar einen »Tony«. 1981 bekam sie für *Woman of the Year* ihren zweiten. 1985 trat sie in London in Tennessee Williams' *Sweet Bird of Youth* auf. Zwischendurch trat sie immer wieder in Fernsehsendungen auf und in sehr einträglichen Werbespots. Beruflich hatte sie also nach Bogies Tod wieder ziemlich gut Fuß gefaßt.

Betty mit Sohn Steve

Betty mit Harry Guardino, mit dem es aber genausowenig klappte wie mit all den anderen Männern, mit denen sie nach Humphrey Bogarts Tod zusammen war

In ihrem Privatleben aber sah es anders aus. Natürlich sehnte sie sich wieder nach Geborgenheit, aber sie suchte sie bei Männern, die ihr nicht gewachsen waren. Am 4. Juli 1961 heiratete sie Jason Robards, einen hochbegabten Schauspieler, der allerdings einige Probleme mit dem Alkohol hatte. Robards war noch verheiratet, als ihre Affäre begann, doch als Betty merkte, daß sie schwanger von ihm war, verlangte sie, daß er sie heirate. Er ließ sich nach anfänglichem Widerstand scheiden und erfüllte Bettys Wunsch. Die Klatschpresse war empört. Schon wieder, so der Tenor, habe sich Betty in eine bestehende Ehe gedrängt und einer anderen den Mann genommen. Betty versuchte sich zu rechtfertigen, doch sie

»Woman of the Year« stand mehr als ein Jahr auf dem Spielplan – der erste Geburtstag wurde mit einer großen Torte begangen

hatte nicht die geringste Chance, wirklich angehört zu werden. Die Ehe mit Robards war ein Reinfall. Neben seinen Alkoholproblemen hatte er auch ständig Geldsorgen, da er mit seinen beiden Ex-frauen etliche gemeinsame Kinder hatte und für diese horrende Unterhaltssummen zahlen mußte. Außerdem glaubte er, ständig in Bogarts Schatten zu stehen und immer an ihm gemessen zu werden. Die Ehe mußte scheitern. Was Betty am Ende von Jason Robards blieb, war ihr Son Sam, der am 16. Dezember 1961 zur Welt gekommen war.

Auch Bettys spätere Versuche, noch einmal eine dauerhafte Beziehung aufzubauen, scheiterten kläglich. Len Cariou und Harry Guardini, die ihre Partner in *Applause* bzw. *Woman of the Year* gewesen waren, waren nicht das, was Betty sich wünschte.

In einem Interview erklärte Betty einmal, daß Männer wohl deshalb so große Probleme mit ihr hätten, weil sie eine ausgeprägt männliche Lebensauffassung habe. Außerdem verunsichere ihr großes Selbstbewußtsein die meisten Männer. Das seien die beiden Hauptgründe, weshalb es nach ihrer ersten Ehe nie wieder richtig mit einem Mann funktioniert habe.

Betty im Jahr 1979

Aber es scheint, als hätten nicht nur Männer Probleme mit ihrem großen Selbstbewußtsein, das in den Augen anderer einfach Arroganz ist. Betty Bacall hat – gerade wegen ihrer Offenheit und Loyalität – immer noch viele Verehrer, doch überwiegen längst jene, die ihr ihre Primadonnaallüren und ihre herablassende Art gegenüber Leuten, die sie für ihrer Aufmerksamkeit unwürdig hält, sehr übelnehmen.

Betty war immer zäh, doch mußte sie seit Bogies Tod das Kämpfen erst noch richtig lernen. Diesen Lernprozeß hat sie so internalisiert, daß sie selbst dann noch kämpft, wenn es gar nicht mehr nötig ist. In solchen Fällen strahlt sie dann eine ungeheure Verbissenheit aus, die sie alles andere als zugänglich wirken läßt.

Betty machte die leidvolle Erfahrung, daß das große Glück, das ihr in der ersten Hälfte ihres Lebens widerfuhr, nicht von Dauer und auch nicht mit anderen wiederholbar war. Man hat nicht den Eindruck, daß sie deswegen verbittert wäre. Sie weiß, daß sie als junge Frau mehr Glück erfahren hatte als die meisten anderen. Sie war und ist froh darum, und sie hat offenbar nie den Fehler begangen, ausschließlich die Vergangenheit zu ihrer Gegenwart zu machen. Sie sieht sich und das Leben sehr nüchtern, dem entspricht auch eine Antwort, die sie in London einem Reporter auf die ewig gleiche Frage gab: »Ich bin keine Legende. Eine Legende muß tot sein.«

Bogart – Bacall: ein Mythos?

Durch seine Ehe mit Lauren Bacall begann Bogart, zwei Leben zu leben: sein Berufs- und sein Privatleben. Die Leichtigkeit, mit der er diese so unterschiedlichen »Lebensformen« unter einen Hut brachte, war bemerkenswert, findet Nathaniel Benchley. Sein erstes öffentliches Image war (wenn man einmal sein Kavaliersimage der frühen Jahre beiseite läßt) durch die Rolle als Duke Mantee bestimmt. Seine Ehe mit Mayo Method hatte bestens zu diesem Bild gepaßt. In dieser Phase war zwischen dem Privat- und dem Berufsleben, zumindest von außen gesehen, kein Unterschied. Der stellte sich erst ein, als er seine vierte Ehe einging und auch noch eine Familie gründete. Sanft und sentimental, seinen Kindern und seiner Frau ergeben – damit war er der personifizierte Widerspruch zu all dem, was er vorher verkörpert zu haben schien. Da er dieses Bild von sich nicht so gern sah, gab er sich in der Öffentlichkeit immer noch gerne als der harte Mann. Doch natürlich durchschaute auch die, daß das mit seinem offensichtlich harmonischen Familienleben nicht zu vereinbaren war, und was ist rührender als ein Mann, der hart tut und in Wirklichkeit sehr weich ist, ohne dabei ein Weichling zu sein – ein wichtiges Detail!

Die Ehe Bogart/Bacall war nach Aussage aller, die in engem Kontakt mit ihnen gestanden haben, überaus glücklich. Natürlich hatten auch sie gelegentlich heftige Auseinandersetzungen, doch im Kern herrschte zwischen den beiden in allen wesentlichen Fragen entschiedenes Einverständnis.

Im Laufe ihrer Ehe waren sie sich zudem immer ähnlicher geworden, da sich vor allem Betty ihrem Mann stark anglich. Nicht, daß sie sich dabei selbst aufgegeben hätte. Ganz im Gegenteil. Sie verstand es nur immer besser, ihre Ziele zu erreichen, ohne vorher deswegen Grundsatzdiskussionen anzuzetteln.

Als sie Bogart heiratete, war sie extrem jung, und daß man als junger Mensch sehr anpassungsfähig ist, ist nichts Neues. Doch wußte Betty schon immer ganz genau, was sie wollte. Ein Grundkonsens konnte es ihr nur leichter machen, sich durchzusetzen. Betty war formbar und doch wieder nicht. Die innige Beziehung der Bogarts beruhte aber keineswegs nur auf Bettys altersbedingter Formbarkeit, sondern auch auf ihrem offenbar großen Einfühlungsvermögen. Anders hätte diese Ehe nicht so lange halten können. Viele ihrer Bekannten erzählten, daß die beiden einander häufig gar

Mit großem Einsatz und wenig glücklichen Momenten meisterte Betty das Leben nach Bogies Tod – lachen kann sie noch

nicht mehr zu sagen brauchten, was sie dachten, sie kannten die Gedanken des anderen meist auch so.

Diese Einheit bestand nicht nur in ihren vier Wänden, sie zeigte sich auch nach außen. Die Öffentlichkeit erlebte Bogie seit der Eheschließung fast nur noch zusammen mit seiner Frau, so daß sich der Mythos, zu dem Bogie in den sechziger Jahren wurde, we-

Innerlich mögen sie sich ähnlich geworden sein, äußerlich konnte man sie bis zuletzt auseinanderhalten

nigstens zum Teil auch auf Betty ausdehnte. Doch war sie nie eigenständiger Teil dieses Mythos', sie war lediglich Anhängsel, genaugenommen sogar nur dessen Verwalterin. Selbst über dreißig Jahre nach Bogies Tod wird sie in den meisten Interviews noch viel mehr über ihn und ihre Ehe ausgefragt als über ihre eigene Arbeit. Betty scheint darunter nicht zu leiden. Für sie selbst gibt es nicht den geringsten Zweifel, daß sie an Bogies Seite ihre beste Zeit verbracht hat.

Bogart war zu seinen Lebzeiten ein großer Star, aber beileibe noch kein Mythos. Es war auch nicht absehbar, daß es dazu kommen würde. Die Entstehung eines Mythos ist nicht erklärbar, weil dabei immer viel Irrationales im Spiel ist. Die Frage, warum gerade er oder sie, wird immer wieder gestellt. Man denke an Rudolph Valentino, James Dean, Greta Garbo, Marlene Dietrich, Marilyn Monroe und einige andere. Beantworten können sie auch die nicht, die die Mythen durch ihre Verehrung mittragen.

Deshalb zunächst nur der Versuch, die Entwicklung des Bogart-Mythos über Fakten nachzuzeichnen. Eine Arbeit, die Terence Pettigrew mit großer Gründlichkeit geleistet hat.

Zehn Jahre nach seinem Tod hatte Bogart mehr Fans als zu Lebzeiten. Die Mehrzahl von ihnen war so jung, daß sie ihn in seiner aktiven Zeit gar nicht bewußt wahrnehmen hatten können. Bogart-Retrospektiven waren innerhalb kürzester Zeit ausverkauft, und Hunderte enttäuschter Fans gingen leer aus.

Als erstes war dieses Phänomen in den USA zu beobachten gewesen, dann in England und Frankreich. In der Bundesrepublik kam es erst später zum Bogart-Kult. In allen Staaten war es in erster Linie die Studentenbewegung der sechziger Jahre gewesen, die sich Bogart als Idol gewählt hatte. Er paßte zum »Zeitgeist«, der Individualist, der sich den sozialen Normierungen nur bedingt unterwirft, sich der Massenkultur entzieht und nur ein verbindliches Prinzip kennt: sich selbst – bei einer guten Portion (Selbst-)Ironie, durch die er nie zum selbstgefälligen Fatzke verkommt. Bogart als Marlowe oder Spade oder Harry Morgan ist der Inbegriff männlicher Souveränität und als solcher die ideale Projektion eigenen Wunschdenkens. Er verkörpert eine ganz und gar unbürgerliche Integrität, und die Distanzierung von jeder Bürgerlichkeit gehörte für viele lange Zeit – und zum Teil wohl noch – zu dem Versuch, sich den eigenen Sozialisationszwängen zu entziehen. Sein sichtbar niedriger Lebensstandard in fast allen seinen Filmen erhöhte seinen Wert als Identifikationsfigur noch zusätzlich. Er strebte nicht nach sozialem oder materiellem Aufstieg. Im Zentrum seines Handelns steht unausgesprochen immer der Erhalt seiner Selbstachtung, und das schloß Konformität mit gesellschaftlichen und menschlichen Konventionen häufig aus. Im Umgang mit Menschen ergab sich daraus automatisch ein Selektionsprinzip: Wer seine Maßstäbe akzeptierte, was sicher nicht einfach war, dem öffnete er sich, und sonst keinem. Grundlage dafür ist seine innere Autonomie, aufgrund derer er unbestechlich ist. Wie gerne sähe man sich selbst auch so! Mythen sind aus Traumbildern und irrationalen Wünschen gestrickt; Bogart wurde zur Legende, weil er in seinen »schwarzen Filmen« mehr als jeder andere die Träume und Sehnsüchte verkörperte, die erst fünfzehn Jahre nach seinem Tod die nötige Dringlichkeit erhielten, um ihn nicht nur in *einer* Generation zur mythischen Gestalt zu stilisieren. Lauren Bacall hat mit diesem Mythos genaugenommen nichts zu tun. Ihr Markenzeichen, *the Look,* war sicher nicht unwichtig für Bogarts Image, unterstrich es doch immer wieder, daß er unterkühlte Weiblichkeit auch zu nehmen wußte. Doch auch ohne diesen Nachweis wäre Bogart heute nicht einfach einer von vielen alten Hollywood-Stars. Er wäre nicht weniger Bogie als heute und – vielleicht – für immer.

Was bleibt? Sicher mehr als der Fußabdruck vor Grauman's Chinese Theatre

Filmographie
der gemeinsam gedrehten Filme

To Have and Have Not (Haben und Nichthaben)
USA 1945
Produzent: Howard Hawks; *Regie:* Howard Hawks; *Drehbuch:* Jules
Furthman und William Faulkner, nach der gleichnamigen Vorlage von Er-
nest Hemingway; *Kamera:* Sid Hickox; *Schnitt:* Christian Nyby; *Musik:*
Franz Waxman; *Regieassistenz:* Jack Sullivan; *Spezialeffekte:* E. Roy Da-
vidson und Rex Wimpy; *Kostüme:* Milo Anderson; *Maske:* Perc West-
more. Außerdem die Songs »How Little We Know« von Hoagy Car-
michael und Johnny Mercer, »Hong Kong Blues« von Hoagy Carmichael
und Stanley Adams; »Am I Blue?« von Harry Akst und Grant Clarke;
Produktion: Warner Brothers – First National; *Länge:* 100 Minuten; *Start:*
Januar 1945.
Besetzung: Humphrey Bogart (Harry Morgan), Walter Brennan (Eddie),
Lauren Bacall (Marie), Dolores Moran (Hélène de Brussac), Hoagy Carmichael (Cricket), Walter Molnar (Paul de Brussac), Sheldon Leonard
(Leutnant Coyo), Marcel Dalio (Gérard), Walter Sande (Johnson), Dan
Seymour (Kapitän Renard), Aldo Nadi (Renards Leibwächter), Paul Ma-
rion (Beauclerc), Patricia Shay (Mrs. Beauclerc), Emmett Smith (Barten-
der), Sir Lancelot (Horatio).

The Big Sleep (Tote schlafen fest)
USA 1946
Produzent: Howard Hawks; *Regie:* Howard Hawks; *Drehbuch:* William
Faulkner, Leigh Brackett und Jules Furthman, nach der Vorlage von Ray-
mond Chandler; *Kamera:* Sid Hickox; *Schnitt:* Christian Nyby; *Musik:*
Max Steiner; *Regieassistenz:* Robert Vreeland; *Spezialeffekte:* E. Roy Da-
vidson, Warren E. Lynch, William McGann, Robert Burks und Willard
Van Enger; *Kostüme:* Leah Rhodes; *Produktion:* Warner Brothers – First
National; *Länge:* 114 Minuten; *Start:* August 1946.
Besetzung: Humphrey Bogart (Philip Marlowe), Lauren Bacall (Vivian
Rutledge), John Ridgely (Eddie Mars), Martha Vickers (Carmen Stern-
wood), Dorothy Malone (Besitzerin des Buchladens), Peggy Knudsen
(Eddie Mars' Ehefrau), Regis Toomey (Bernie Ohls), Charles Waldron
(General Sternwood), Charles D. Brown (Norris), Bob Stelle (Canino),
Elisha Cook jr. (Harry Jones), Louis Jean Heydt (Joe Brody), Sonia Dar-
rin (Agnes), James Flavin (Captain Cronjager), Thomas Jackson (Staats-
anwalt Wilde), Dan Wallace (Carole Lundgren), Theodore Von Eltz (Ar-

thur Gwynn Geiger), Joy Barlowe (Taxifahrerin), Tom Fadden (Sidney), Ben Welden (Pete), Trevor Bardette (Art Huck).

Dark Passage (Die schwarze Natter)
USA 1947

Produzent: Jerry Wald; *Regie:* Delmer Daves; *Drehbuch:* Delmer Daves, nach der Vorlage von David Goodis; *Kamera:* Sid Hickox; *Schnitt:* David Weisbart; *Musik:* Franz Waxman; *Regieassistenz:* Dick Mayberry; *Spezialeffekte:* H. F. Koenekamp; *Kostüme:* Bernard Newman; *Maske:* Perc Westmore; *Produktion:* Warner Brothers – First National; *Länge:* 106 Minuten; *Start:* September 1947.

Besetzung: Humphrey Bogart (Vincent Parry), Lauren Bacall (Irene Jansen), Bruce Bennett (Bob Rapf), Agnes Moorehead (Madge Rapf), Tom D'Andrea (Sam), Clifton Young (Baker), Douglas Kennedy (Polizist), Rory Mallinson (George Fellsinger), Houseley Stevenson (Dr. Walter Coley).

Key Largo (Hafen des Lasters/Gangster in Key Largo)
USA 1948

Produzent: Jerry Wald; *Regie:* John Huston; *Drehbuch:* Richard Brooks und John Huston, nach dem Stück von Maxwell Anderson; *Kamera:* Karl Freund; *Schnitt:* Rudi Fehr; *Musik:* Max Steiner; *Regieassistenz:* Art Lueker; *Spezialeffekte:* William McGann und Robert Burks; *Kostüme:* Leah Rhodes; *Maske:* Perc Westmore. Außerdem der Song »Moanin' Low« von Ralph Rainger und Howard Dietz; *Produktion:* Warner Brothers – First National; *Länge:* 101 Minuten; *Start:* Juli 1948.

Besetzung: Humphrey Bogart (Frank McCloud), Edward G. Robinson (Johnny Rocco), Lauren Bacall (Nora Temple), Lionel Barrymore (James Temple), Claire Trevor (Gaye Dawn), Thomas Gomez (Curly Hoff), Harry Lewis (Toots Bass), John Rodney (Polizist Clyde Sawyer), Marc Lawrence (Ziggy), Dan Seymour (Angel Garcia), Monte Blue (Sheriff Ben Wade), William Haade (Ralph Feeney), Jay Silverheels (Tom Osceola), Rodric Redwing (John Osceola).

Bibliographie

Bacall, Lauren: By Myself, New York 1985

Barbour, Alan G.: Humphrey Bogart, München 1984

Belfrage, Cedric: The American Inquisition, Indianapolis 1973

Benchley, Nathaniel: Humphrey Bogart, Boston/Toronto 1975

Beyer, Friedemann: Peter Lorre, München 1988

Blumenberg, Hans C.: Rise and Fall, in: Peter W. Jansen/Wolfram Schütte (Hg.): Humphrey Bogart, München 1978, S. 7 ff.

Bogdanovich, Peter: Bogie in excelsis, in: Peter W. Jansen/Wolfram Schütte (Hg.), a. a. O., S. 75 ff.

Buchers Enzyklopädie des Films, 2 Bde., München 1983

Hahn, Ronald M./Jansen, Volker: Kultfilme. Von *Metropolis* bis *Rocky Horror Picture Show,* München 1985

Hepburn, Katharine: The Making of The African Queen or How I Went to Africa with Bogart, Bacall and Huston and Almost Lost My Mind, New York 1987

Hyams, Joe: Humphrey Bogart und Lauren Bacall, Frankfurt/Main 1983

Jefferson, Margo: She Knew How to Whistle, in: The New York Times Book Review, June 24, 1990, S. 13

Keil, Hartmut (Hg.): Sind oder waren Sie Mitglied? Verhörprotokolle über unamerikanische Aktivitäten 1947−1956, Reinbek 1979

Kurowski, Ulrich: Lexikon Film, München 1976

McBride, Joseph: Hawks on Hawks, Berkeley u. a. 1982

McCarty, Clifford: Humphrey Bogart und seine Filme, München 1983

Mast, Gerald: Howard Hawks – Storyteller, New York 1982

Monaco, James: Film verstehen, Reinbek 1980

Morley, Sheridan: David Niven, London 1986

Niven, David: Bring on the Empty Horses, London 1984

Pettigrew, Terence: The Bogart File, London 1977

Poague, Leland A.: Howard Hawks, Boston 1982

Quirk, Lawrence J.: Lauren Bacall. Her Films and Career, Secaucus 1986

Simsolo, Noel: Howard Hawks, Paris 1984

Thissen, Rolf: Howard Hawks, München 1987

Thomson, Verita: Bogie and Me, New York 1982

Werner, Paul: Film noir. Die Schattenspiele der »schwarzen Serie«, Frankfurt/Main 1985

Winkler, Willi: Humphrey Bogart und die Schwarze Serie, München 1985 (ihm ist dieses Buch gewidmet)

Wynn, N. A.: Vom Weltkrieg zur Wohlstandsgesellschaft, 1941−1961, in: Willi Paul Adams (Hg.): Die Vereinigten Staaten von Amerika, Frankfurt/Main 1982 (= Fischer Weltgeschichte, Bd. 30)